Carlos Torres & Sueli Zanquim

MENSAGENS DO POVO AZUL

EDITORA
ERA DE OURO

Publicação:
Editora Era de Ouro

Editor:
Carlos Torres

Produção e Capa:
Equipe Técnica Era de Ouro

Revisão:
Sueli Zanquim

Dados Internacionais de Catalogação na Publicação (CIP)
(Câmara Brasileira do Livro, SP, Brasil)

Torres, Carlos
Mensagens do Povo Azul / Carlos Torres & Sueli Zanquim . -- 1. ed. -- Jundiaí, SP : Ed. do Autor, 2012.

Bibliografia.

1. Espiritualidade 2. Evolução espiritual 3. Grande Fraternidade Branca 4. Mensagens 5. Revelações I. Zanquim, Sueli. II. Título.

12-00159 CDD-299.9

Índices para catálogo sistemático:

1. Grande Fraternidade Branca : Espiritualidade 299.9

Era de Ouro – www.leidaatracao.com.br

De:

Para:

Índice

“É impossível alguém contemplar o céu e não acreditar na existência do Arquiteto do Universo.”

Lord Melquesedeque

O Povo Azul

Pintura Mediúnica feita Por Rosa Teubl em 2009, exclusivamente para este livro. Tamanho original 40 x 60 cm., colorida. Veja a imagem no site oficial dos autores.

"O Amor é a forma que Deus criou para se comunicar com o homem."

Introdução

Essa leitura não tem a intenção de mudar suas crenças, tão pouco levá-lo (a) a acreditar em algo que possa achar impossível e improvável.

Deixe o julgamento e o preconceito de lado, afinal, agora está sozinho (a), lendo este livro e não há ninguém por perto para dizer o que é certo ou o que é errado.

Você é um (a) livre pensador (a), essa é sua essência verdadeira. Queremos que utilize seu dom libertário e desperte sua consciência para uma nova forma de viver a sua vida. Esse livro traz mensagens elevativas e esclarecedoras, leia-as e absorva apenas aquilo que lhe traga algum benefício, pois a sua verdade está sendo construída a todo instante.

"Se você está lendo este livro, é porque está pedindo para se lembrar de coisas que um dia foram esquecidas."

O que não lhe servir deixe o Universo levar embora. O importante não é o que entra pelos seus ouvidos, mas sim o que sai pela sua boca.

"Aquele que acredita já saber de tudo e fecha os olhos para o que é oculto e invisível, está fadado a viver uma vida sem nada ver. O desconhecido é infinitamente maior do que o conhecido."

Seja bem vindo (a)!

Que esta breve leitura traga a luz da verdade para o seu dia a dia e ilumine seus caminhos por toda a eternidade.

*****

O Povo Azul

Foi em meados de fevereiro do ano de 2010, quatro anos depois de ter deixado a carreira de empresário e design de produtos para trás, e decidido seguir o caminho da literatura, mais especificamente a escrita de livros, junto com minha esposa Sueli Zanquim, que tive o primeiro contato com o Povo Azul.

Desde o ano de 1998, trabalhamos na disseminação de mensagens positivas e otimistas, mas até ocorrer o despertar para a escrita dos livros, com um foco mais espiritualista e em prol dos adventos da Era de Ouro, fazíamos nosso trabalho de esclarecimento, porém um tanto quanto inconscientemente.

Extraordinariamente não percebemos durante os dez anos que se passaram, até começarmos a publicar os livros em 2006, que um dos grandes propósitos de nossas vidas, era assumir nosso papel como ***Mensageiros***.

Mesmo trabalhando em vários segmentos do mercado coorporativo e industrial, sempre nos deparávamos com esse propósito e quando menos esperávamos, estávamos fazendo novamente produtos focados no despertar e no esclarecimento e sempre através de alguma forma de mensagem.

Foi somente em meados de 2006, que eu tive um chamado espiritual e decidimos paralisar todos os nossos trabalhos cotidianos e focar a atenção no que deveria ser feito. Seguimos a partir daí em busca do que realmente acreditávamos, e assim fizemos.

No ano de 2007, foi lançado nosso primeiro livro, intitulado ***A Lei da Atração.***

Em menos de seis meses após o lançamento, este livro já era considerado um dos livros mais vendidos no país. Era o início da realização de um sonho e a construção de um novo caminho rumo ao cumprimento de um desejo que ainda era oculto para nós, pois não sabíamos exatamente o que significava aquele chamado espiritual e a necessidade de começar a escrever livros de auto-ajuda e esclarecimento.

Resumidamente, o chamado espiritual que recebi foi através de uma projeção astral, ou seja, uma viagem fora do corpo físico. Algo que acontece quando se está pronto para receber informações do plano superior para ser repassado e compartilhado com outras pessoas.

Foi numa noite fria e chuvosa do mês de julho de 2006 que eu tive a visão do nosso primeiro livro, "A Lei da Atração".

-Estranhamente, a imagem dele estava em cima da escrivaninha do meu quarto, em pé, como se estivesse exposto na prateleira de uma livraria. O detalhe interessante é que ele ainda não existia e muito menos passava pela minha cabeça a ideia de escrever aquele livro, muito menos publicá-lo.

A ideia de escrever um livro, nunca tinha passado pela minha cabeça, mas a ideia de passar mensagens para as pessoas e ajudá-las de alguma forma sim, isso era um desejo muito latente e real.

Enquanto estava fora do meu corpo, senti a presença de alguém no ambiente. De repente, escuto uma voz grave e muito forte atrás da minha nuca dizendo bem perto do meu ouvido direito, enquanto olhava para o livro em cima da escrivaninha:

-Faça isso, escreva este livro!

Era uma voz estranha, porém muito familiar. A mesma frase foi repetida três vezes e em seguida o silêncio tomou conta do ambiente.

Não compreendi direito o que significava aquilo e fiquei intrigado, pois a imagem do livro era nítida e continuava se apresentando para mim.

Como design de produtos gráficos, decidi olhar com calma os detalhes do livro, pois sabia que depois que voltasse para o meu corpo físico, deveria desenhar tudo aquilo que estava vendo para em seguida transformar em algo real.

Passaram-se alguns minutos e logo comecei a retornar ao encontro do meu corpo físico. Em poucos segundos já estava de volta ao estado normal novamente.

O estado projetivo é um estado de total lucidez, algo indescritível e maravilhoso. Não vou detalhar muito mais sobre esse fenômeno, pois não é o objetivo deste livro. O que posso dizer é que todas as pessoas podem sair do corpo durante a noite, porém muitas acabam confundindo os fenômenos projetivos com sonhos ou acham que estão perdendo a razão e o discernimento.

Algumas pessoas acreditam estarem ficando loucas por não compreenderem o que acontece com elas durante a noite. Isso é muito comum e acontece corriqueiramente. Há milhares de relatos e histórias incríveis sobre projeções astrais em todo o mundo. Enfim, os fenômenos projetivos extracorpóreos são mais comuns do que as pessoas imaginam.

Veja a seguir a imagem do nosso primeiro livro, o mesmo que vi em cima da escrivaninha, enquanto estava em estado projetivo.

**A Lei da Atração.
Livro publicado em 2007.**

Conto essa passagem para você leitor (a), pois foi dessa mesma forma, através de uma projeção consciente, que conheci os seres azuis, o Povo Azul, os mesmos que me instruíram para a escrita deste livro, que agora está em suas mãos, e também os mesmos que nos orientaram para a escrita do outro livro publicado em 2008, intitulado ***"2012 A Era de Ouro"***, que se tornou um Best Seller em todo o Brasil, com uma vendagem estimada em mais de 40.000 exemplares.

Não foi fácil escrever esse último livro, pois as mensagens eram muito profundas e deveriam se manter alicerçadas sempre pelo prisma do amor e nunca baseados em palavras que levassem a mente do leitor, em direção ao medo ou ao sofrimento.

Todas as informações deveriam levar o leitor a elevação da consciência e a dissolução do medo.

Não nos permitiram escrever nenhuma palavra que remetesse a leitura para o lado negativo.

Aos poucos, através das mensagens que intuitivamente me passavam, fui criando um campo energético límpido e claro, o que facilitou muito a comunicação e o recebimento das informações que deveriam ser publicadas.

Nunca fui ufólogo, tão pouco fanático por esses assuntos. Sou apenas uma pessoa comum que tem uma vontade imensa de disseminar informação para as pessoas. Essa é a fonte que me alimenta e me faz seguir adiante para o cumprimento de uma tarefa aqui na Terra. Esse é o motivo principal de ter feito esse trabalho em conjunto com esses seres.

Não foi ao acaso que eles vieram até mim, como também não foi ao acaso que eu acabei chegando até eles, a conexão se estabeleceu pelo simples fato de termos as mesmas intenções e as mesmas vontades, afinal semelhante atrai semelhante, não é?

Não é assim que funciona A Lei da Atração?

Você atrai para a sua vida, aqueles que vibram na mesma frequência vibratória que você. Isso também funciona para os seres físicos e também para os seres não físicos e espirituais. A Lei da Atração funciona tanto no plano físico quanto no plano não-físico.

O Povo Azul é um grupo de seres ***não-físicos*** em serviço de elevação da frequência vibracional dos seres humanos, no entanto, não são espíritos ou almas como você pode estar imaginando, como também as mensagens por eles enviadas não são mensagens psicografadas como comumente conhecemos, como as mensagens espíritas vindas de pessoas que já morreram ou de entidades espirituais que vivem nos orbes superiores do nosso planeta.

O Povo Azul são seres que se intitulam, ***Os Orientadores de Consciência*** para o planeta Terra e estão aqui para a conclusão de um trabalho de elevação e despertar das consciências.

Dizem vir de um lugar muito distante temporalmente, dizem vir do futuro para conhecer o próprio passado.

Ao mesmo tempo em que dizem estar muito longe temporalmente, dizem estar muito próximos vibracionalmente, pois, como eles mesmos afirmam:

"Os limites do tempo não são barreiras para nós e nem para vocês."

Compreendi depois de algum tempo, através dos seus ensinamentos, que vivemos simultaneamente dentro do tempo e do espaço e o que me separava deles, era somente uma camada interdimensional que não conseguia ver através dos meus olhos físicos, mas quando entrava durante a noite no plano astral, via projeção astral, para um contato mais direto, então os olhos espirituais se abriam e podia enxergá-los e perceber tudo o que estava ao meu redor.

O olho espiritual é o terceiro olho dos hindus, o Olho de Hórus do antigo Egito, o olho que tudo vê dos Maçons e dos Rosa-Cruzes, o olho que não mente que não engana e não corrompe. O olho que mostra a luz da verdade para aqueles que desejam vê-la.

O olho que tudo vê é o olho da própria consciência, o olho eterno que nunca morre aquele que é capaz de enxergar a verdade e nos salvar de todas as mazelas e de todos os medos que possam nos atormentar e nos perseguir.

O olho que tudo vê é o farol que ilumina o espírito humano e religa o homem ao seu Criador, o grande arquiteto do Universo.

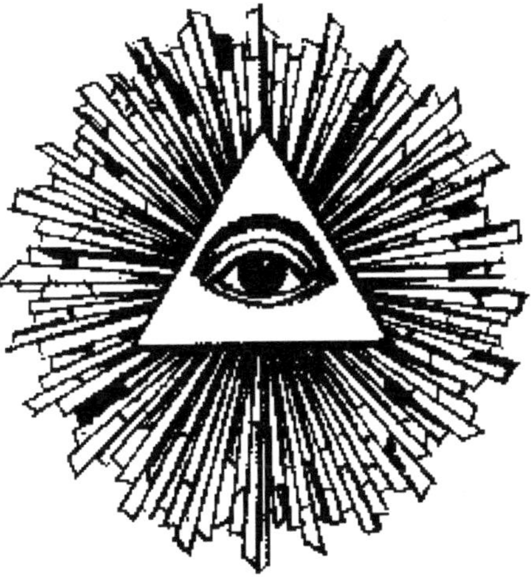

O Olho que tudo vê

"Não há nada oculto neste mundo, que não possa ser um dia revelado."

Nas próximas páginas, você lerá algumas mensagens do Povo Azul que foram recebidas exclusivamente para a publicação desta obra.

Opte por ler este livro, isento de crenças e dogmas, pois tudo o que ler aqui, é algo que no fundo, você sempre soube, mas por algum motivo se esqueceu. Agora estará relembrando coisas que num passado distante, já aprendeu.

São conhecimentos que um dia já utilizou, mas se perderam nos anais do tempo, em épocas onde o estudo do oculto e do desconhecido era algo comum e corriqueiro, a mesma época que os seres humanos adoravam o extraordinário que se apresentava no céu e na terra, como se fosse um espelho do mundo espiritual.

Um tempo onde as pessoas não se importavam tanto com o ordinário e o cotidiano da vida, como nos preocupamos atualmente, afinal, hoje em dia, estamos mergulhados e totalmente arrebatados pelas paixões mundanas e passageiras da matéria. Estamos esquecendo o que é mais importante na vida: O espírito eterno. Isso sim é extraordinário.

“A ideia da existência da eternidade é tão apavorante quanto à ideia da existência da morte. Mas ao contrário da morte, a eternidade é simplesmente uma ideia libertadora e esclarecedora.”

Boas Vindas

*** Mensagem recebida dia 11 de novembro de 2011.**

Primeiramente gostaríamos de agradecer e parabenizar você leitor e leitora, pela coragem de enfrentar tão dificultosa passagem na Terra.

Estamos orgulhosos de todos vocês e por isso elevamos nessa primeira mensagem, a vibração de gratidão. Obrigado por mais uma grande oportunidade de manifestação.

Irmãos, vocês já aprenderam muito através das forças da dor, agora já têm a oportunidade de aprenderem pelas forças do amor.

A Era Dourada da humanidade está começando a se manifestar e tudo está sendo disponibilizado a vocês. Não precisam mais errar para poderem aprender, já é possível aprenderem através dos acertos, do amor e da prática da ética.

Não aceitem mais o sofrimento como algo plausível e corriqueiro em suas vidas. Não permitam que a palavra sofrimento e a palavra dor, continuem fazendo parte das suas vidas, pois realmente elas não precisam mais fazer.

Esqueçam essas palavras e esses sentimentos, pois são todos oriundos dos sentimentos de medo que ainda podem estar vivos dentro das suas mentes.

Vocês são livres e podem viver uma vida baseada no amor e no compartilhamento, apenas precisam aceitar isso de uma vez por todas em suas vidas.

Queremos que parem de se enganar.

-Será que estão preparados para isso? Será que estão preparados para deixar para trás todos esses sentimentos errôneos de ansiedade, depressão, raiva, rancor, medo do futuro, desamparo, crença na falta e na incapacidade?

-Será que estão prontos para não mais reclamar da vida e parar de dar tanta importância às doenças e aos medicamentos?

-Será que estão prontos a não mais enxergar o outro como sendo sempre um potencial inimigo?

-Será que estão prontos a não mais assistirem os noticiários de TV que focam o sofrimento alheio e a desgraça do mundo?

-Será que estão prontos para não mais se alimentarem disso e não aceitarem que essas informações negativas entrem gratuitamente em suas casas e nos ouvidos de suas belas e inocentes criancinhas, que sequer sabem o significado dessas formas maléficas de

condicionamento mental, baseadas na prática do medo e da violência?

-Será que estão prontos para não mais dar atenção a isso e aproveitar os vossos tempos com afazeres que tragam alguma melhoria para vocês e para as pessoas que vivem aos seus arredores?

-Será que estão prontos para ajudar as pessoas que precisam de vocês?

-Será que estão prontos para não mais deixar as vossas vidas serem submetidas a condicionamentos alheios, deixando que outros tomem conta dela antes mesmo que vocês, deixando-os descrentes de vossos próprios potenciais e fazendo-os esquecer dos seus dons criativos, talentos e potencialidades que certamente podem mudar as suas vidas para sempre?

-Será que estão prontos para não mais aceitar as guerras em detrimento de uma paz ilusória, determinada por pessoas que só pensam em poder e posicionamento político?

Queridos, nós podemos responder por vocês. A resposta é sim!

Sim, vocês já estão prontos para criar uma nova forma de viver as vossas vidas, só estão precisando de um empurrão, de uma ajuda e de uma orientação.

É por esse motivo que estamos aqui, para ajudar. Não podemos fazer nada por vocês, pois não podemos interferir no livre arbítrio alheio, mas podemos ajudar e orientar. Essa é a nossa função. Fazemos isso de coração e com boa intenção, pois muitas e muitas vezes passamos por dificuldades extremas como vocês estão passando hoje. Sabemos como é difícil seguir adiante sem uma orientação e sem nenhum apoio.

Passamos por momentos cruéis, onde tivemos que enfrentar nossos próprios medos e quebrar uma infinidade de paradigmas que atrasaram demasiadamente a nossa evolução. Exatamente como está acontecendo com vocês hoje.

Vocês ainda estão no início deste enfrentamento, há muito ainda para enfrentar e mudar, mas não se preocupem, mesmo parecendo que estão no caminho errado, esqueçam, pois vocês estão no caminho certo.

O que queremos e pretendemos, é passar um conhecimento e uma vivência própria. Não foi fácil passar pelo que passamos no passado. Tivemos muitas perdas e muitos contratempos. Nossos antepassados foram algozes e corajosos e somos imensamente gratos por eles, pois não seríamos o que somos hoje se não fosse à coragem, a perseverança e a fé desses homens e mulheres que um dia morreram por nós e pela causa humanitária.

Sim queridos, nós somos humanóides como vocês, não somos diferentes de vocês, somos iguais a vocês, apenas estamos em patamares evolutivos distintos. O que nos diferencia de vocês é o grau e não o gênero. Compreendem?

Somos como vocês, e por isso, sempre que pensarem em nós, nos verão como vossos irmãos e não como estranhos que chegam para julgar e apontar o dedo em vossas direções, dizendo o que está certo e o que está errado.

Não estamos aqui para julgar, tão pouco para criticar, estamos aqui em trabalho de esclarecimento. Como irmãos interdimensionais, queremos vê-los alegres, entusiasmados, motivados, dispostos, bem intencionados e perseguindo seus sonhos mais profundos. Seus sonhos maiores são os sonhos da alma, aqueles que vibram o tempo todo dentro de vossos corações e não os deixam esquecer o propósito maior das vossas vidas.

Somos às vezes meio rudes em nossas palavras e por isso queremos pedir desculpas antecipadas, pois verão, que em algumas mensagens, não poupamos as críticas para com vossos atos e algumas das formas errôneas de pensamento e conduta que continuam praticando.

Somos orientadores de consciências e por esse motivo não utilizamos técnicas de consolação. Caso você esteja procurando por consolação, infelizmente não encontrará neste livro. Mas podemos lhe afirmar: não há conforto melhor do que o conforto do esclarecimento e do autoenfretamento.

Pode parecer duro à primeira vista, todavia num segundo passo, se torna uma ferramenta de sabedoria que poucas pessoas hoje em dia têm acesso.

Enfim, estamos aqui para cooperar e ajudar, pois sabemos exatamente os problemas que estão enfrentando neste momento.

Saibam queridos, estamos extremamente orgulhosos por enfrentarem tão dificultosa caminhada na Terra. Vocês são vitoriosos e não têm culpa de nada, realmente nada, não acreditem um segundo sequer nos discursos que vagam pelo mundo, dizendo que vocês são a causa dos problemas do mundo atual, como o meio ambiente, o aquecimento global e as diversas mazelas existentes na sociedade moderna.

Há forças que vocês não conseguem enxergar e que trabalham em função da deterioração da consciência humana. Estamos aqui exatamente para blindar e proteger as vossas mentes, as vossas consciências e os vossos espíritos contra essas forças maléficas.

A partir de hoje, pedimos que não temam nada e nem ninguém, pois nada neste mundo é capaz de influenciar e atacar uma mente sadia, lúcida e esclarecida. Esse é o nosso papel e o nosso objetivo maior: o esclarecimento.

"Esclarecimento é o ato de clarear uma mente."

A luz é o grande escudo, a verdade, a proteção e a salvação. Uma mente iluminada significa uma mente lúcida e sadia. Lucidez é o antídoto contra todo e qualquer mal que possam se aproximar de vocês.

Que a luz da verdade ilumine a partir de hoje as vossas vidas. Obrigado pela breve manifestação.

O Povo Azul

"Essa noite peça para que os seus anjos da guarda lhe orientem. Peça para que esclareçam as dúvidas que pairam em sua mente, pois a mente às vezes mente. É momento de começar a ouvir a voz do seu espírito, pois o espírito nunca mente."

O Contato

*** Mensagem recebida dia 11 de novembro de 2011.**

Sempre que ler este livro, estará automaticamente se conectando com a frequência do amor e do esclarecimento, pois essa é a nossa frequência vibracional padrão.

Estar conectado com essa frequência é estar sintonizado intuitivamente conosco, como se estivesse sintonizando sua consciência com outro plano para receber novas informações.

Muitas vezes, uma simples palavra ou uma breve frase que venha ler neste livro, poderá levá-lo (a) a conclusão de muitos pensamentos, que ainda não estavam conclusos em sua mente. Isso acontece, porque algo foi ativado em sua consciência e algo clareou as partes ainda obscurecidas da sua mente. Esse processo físico químico é que chamamos de esclarecimento.

Conectar-se de forma intuitiva é uma forma de receber informações do plano ***não físico e invisível***, no plano ***físico e visível***, por intermédio de vibrações mentais, algo semelhante a um ajuste do Dial de um rádio, que de repente sintoniza uma estação e começa a ouvir o que está vindo do outro lado.

Vamos supor que para se conectar conosco, você precisasse sintonizar, por exemplo, na freqüência 101,27 MHz do seu rádio. Você tenta e não consegue sintonizar exatamente esta frequência, mas sente que está bem perto dela, sente fragmentos de informação chegando, mas por causa dos ruídos, não consegue compreender o que está sendo dito, isso porque não está conseguindo sintonizar exatamente a frequência 101,27 MHz, mas sim na frequência 101,30 MHz. Compreende?

Como num rádio, você percebe alguns resquícios de informação, mas não consegue se conectar totalmente conosco e receber as informações que queremos passar, porque não está sintonizando perfeitamente, certamente algo não está permitindo uma conexão perfeita.

Mas quando a conexão ocorre, automaticamente percebe o canal se abrindo perfeitamente. Por isso muitas pessoas dizem que canalizam mensagens de seres não físicos, pois a comunicação é feita através de um canal intuitivo vibracional, como um canal de rádio.

Nesse caso, você não ouve, não vê e não toca nada, apenas sente a conexão através de ondas vibracionais, um sentimento sutil e muito intenso.

-Mas como saber se as mensagens e informações recebidas não são falsas ou manipuladas por terceiros, como fazem os

assediadores ou entidades que desejam manipular as mentes humanas?

Simples, no plano espiritual, tudo é feito através das vibrações e as vibrações são incorruptíveis, ou seja, não podem ser manipuladas ou corrompidas.

A palavra pode ser manipulada através da mentira, dos gestos e das condutas, mas as vibrações que são emitidas pela mente, não podem, elas são íntegras e imutáveis. Compreende?

Há uma lei universal que gerencia tudo isso, ela se chama a ***Lei das Vibrações*** ou como alguns de vocês conhecem como a ***Lei da Atração***.

Aqui o plano é integrado e verdadeiro, impossível de ser corrompido.

A conexão sempre se estabelece através das vibrações, frequências vibracionais que vagam pelo éter e são gerenciadas pela Lei Universal das Vibrações.

A Lei das Vibrações determina que todas as frequências e vibrações semelhantes se atraiam entre si para que haja sinergia e evolução entre as partes afins.

É exatamente a partir deste princípio de similaridade frequencial que mantemos o contato com os autores deste livro, ou seja, pela comunicação intuitiva que possibilita a transmissão das informações que você está lendo neste exato momento.

Mantemos a nossa conexão com eles porque temos intenções semelhantes, os mesmos objetivos, estamos vibrando na mesma sintonia e na mesma frequência.

Do ponto de vista vibracional, quando enviamos as mensagens e eles as recebem, nos tornamos semelhantes e temos os mesmos objetivos.

Caso as intenções deles se modifiquem no futuro, então a conexão poderá cessar e as informações não poderão mais ser repassadas, não porque não queiramos mais informar e ajudar na disseminação da verdade, mas simplesmente porque se extinguirá o canal vibracional entre nós e eles.

As vibrações são como água e óleo, quando elas se diferenciam na sua essência, se tornam diferentes e não conseguem se misturar. Mesmo querendo, não podem se misturar. Assim é nos planos sutis de manifestação. Tudo muito simples e organizado. Compreende?

Muitos dizem perder o dom ou o contato com o plano espiritual, mas isso não acontece porque o dom se foi ou porque a pessoa ficou proibida de continuar recebendo informações, o que acontece é uma mudança de intenções de uma das partes e consequentemente uma mudança vibracional. Muda-se a frequência e perde-se o contato. Apenas isso. Geralmente a mudança ocorre para aqueles que estão no plano físico.

-**Mas como se cria uma vibração?**

-Posso criar uma e estabelecer um contato com quem eu quiser?

As vibrações são ondas eletromagnéticas inteligentes e são emanadas da mente humana até o éter, o plano etéreo de manifestação. Elas só podem ser criadas a partir das verdadeiras intenções.

A intenção é que intensifica, dá intensidade e força para que um pensamento dominante se transforme em uma potente vibração, capaz de atrair e estabelecer uma conexão com alguém que esteja vibrando na mesma frequência, formando assim um campo ressonante ideal para trocas de informações e experiências.

Parece complicado, mas não é. Nos planos superiores, as coisas são simples e pouco complexas. Aqui não há dúvida, nem mentira. Aqui a verdade predomina em tempo integral.

Em resumo, as conexões aqui são feitas sempre através das intenções, elas criam as vibrações e a Lei da Atração se encarrega de gerenciar as conexões.

Portanto, o contato e a conexão só se estabelecem entre duas ou mais partes por intermédio de intenções puras e verdadeiras.

Não se pode criar uma vibração para tentar se infiltrar em frequências que não lhe dizem respeito, como se fosse um espião ou um invasor, pois não se pode forjar uma intenção. Um pensamento, uma ação, uma provocação ou uma mentira são factíveis a fingimentos e manipulações, mas a intenção é impossível de ser forjada. Não há tecnologia ou técnica mental capaz de manipular uma intenção.

É comum, muitas vezes, vocês dizerem quando acabam de conhecer alguém que foi apresentado a vocês por outra pessoa:

-Que estranho, não fui com a cara daquela pessoa!

-Mas como uma pessoa pode dizer isso de outra pessoa, sem ao menos conhecê-la?

Na verdade, quando dizem algo desse gênero, estão se referindo à vibração que a outra pessoa está emitindo naquele momento. A sua sensibilidade intuitiva recebe um alerta e diz que aquela pessoa não está em ressonância frequencial com você ou está com más intenções em relação a você ou simplesmente não tem afinidade nenhuma com a sua forma de pensar. Por isso, suas intenções também não têm afinidade alguma com as intenções daquela pessoa, ou seja, são diferentes vibracionalmente e não podem se conectar.

Neste caso, a aparência ou o comportamento, não estão em questão. Não quer dizer exatamente que ***não foi com a "cara"*** da pessoa, na verdade, você ***não foi com a "vibração"*** dela.

O sinal que veio daquela pessoa e chegou até você via intuição, veio para lhe dizer:

-Cuidado, esta pessoa pode lhe trazer problemas!

É um aviso, um comando, um alerta que a intuição lhe fornece. O seu sexto sentido.

A intuição é responsável por fazer a leitura completa das vibrações e das intenções alheias e também de ambientes e lugares que estejam em desarmonia energética por algum motivo.

Quando esses avisos acontecem, a sensibilidade corpórea é ativada e você pode ter sensações físicas repentinas, como desconforto, dores no peito e abdômen.

Se sua mente não compreende o alerta e você não reage a tempo, o corpo então, entra em ação e começa a falar com você através de reações de dor e desconforto.

Pode ser através de uma vontade incontrolável de querer sair do lugar em que está ou sentir um mal estar repentino como dor estomacal, ânsia e dores abdominais.

Caso a descarga energética seja muito forte é comum sentirem também dores na nuca, vertigem, tontura e até mesmo desmaios.

Isso é muito comum em ambientes de trabalho de alta competitividade como empresas e instituições políticas, onde as intenções reais das pessoas que ali estão, são geralmente ocultadas e forjadas, às vezes por motivos de proteção ou simplesmente por estratégia de competição.

Geralmente esses ambientes são muito pesados energeticamente e desarmônicos. As pessoas que ali convivem, ficam facilmente doentes e sentem muitas dores pelo corpo, principalmente nas costas e na parte posterior da cabeça. Sim, isso não é de estranhar, visto que dentro de ambientes confusos vibracionalmente, as energias que comandam, são sempre negativas e baseadas no medo e na desconfiança.

Se uma pessoa esconde suas intenções por proteção, é porque ela está por algum motivo, com medo dos outros, e se, da mesma forma, o outro esconde as suas intenções por estratégia competitiva, é porque também está com medo de alguém.

Tanto o ataque quanto a defesa são sentimentos baseados no medo. Ambos vibram em função do medo, da discórdia e da mentira em seus íntimos, isso acarreta em negatividade extrema e desarmoniza qualquer ambiente.

"Queridos, comecem a prestar atenção: A intenção sempre chega antes do cartão de visitas."

Os executivos, os políticos, os cobradores, os juízes, os advogados e os policiais, convivem diariamente com esses fenômenos e são diretamente atingidos por altas cargas de negatividade e má intenção. Isso é muito prejudicial quando a pessoa fica exposta por longo período de tempo.

Por esse motivo, daqui em diante, vocês devem aprimorar seus dons intuitivos e compreenderem mais sobre os quesitos vibracionais, pois eles fazem parte do seu dia a dia, mais do que você possa imaginar.

Se conseguirem dominar e fizerem à leitura vibracional do que acontece ao redor de vocês, tornar-se-ão pessoas mais saudáveis mental e fisicamente, estarão protegidos em ambientes negativos e terão o poder de neutralizar as energias de pessoas mal intencionadas. Isso não é magia, isso é poder psíquico.

******

A Felicidade

*** Mensagem recebida dia 12 de novembro de 2011.**

A verdadeira magia da vida consiste em promover a paz por onde quer que passe e se tornar uma pessoa grata por todos aqueles que de alguma forma lhe ajudam em seu caminho.

Queremos falar sobre a felicidade, pois esse ainda é um grande paradigma para vocês.

Enganam-se aqueles que acreditam que a verdadeira felicidade está no futuro.

Irmãos, podemos afirmar com toda a certeza que a felicidade não está no futuro. Também se enganam aqueles que acreditam que ela está no presente, pois ela também não está no presente. A verdadeira felicidade encontra-se sim no passado e está diretamente ligada ao sentimento de gratidão. Gratidão é um dos sentimentos mais nobres que existe, pois é originado de um sentimento maior: o amor pela vida.

Pare por alguns minutos e veja como é possível ser feliz e agradecer por tudo aquilo que já conquistou e lhe foi dado de presente, como seus dons, seus talentos, sua saúde e as oportunidades que lhe foram proporcionadas.

Veja como pode e consegue se sentir grato (a) por todos aqueles que um dia lhe ajudaram a crescer e acreditaram em seu potencial.

-Você acha que isso não pode ser uma enorme fonte de gratidão?

Sim, essa é a fonte que jorra a eterna felicidade. A gratidão.

Queridos, o passado é a verdadeira fonte da felicidade. De nada adianta ficarem ansiosos e esperançosos, achando que no futuro é que serão realmente felizes. Isso é uma ilusão.

Sim, no futuro poderão se sentir felizes, é claro, todavia não encontrarão a felicidade lá, pois o futuro ainda sequer existe.

-**Como podem colocar todas as vossas esperanças em algo que sequer existe?**

Optem por ter momentos de alegria hoje, para serem felizes amanhã.

É ilusão achar que só quando se tornarem pessoas ricas, aí sim serão realmente felizes, ou somente quando encontrarem a pessoa amada poderão dizer aos outros que são realmente felizes, ou então, quando comprarem a casa de seus sonhos ou comprarem o carro que tanto desejam ou tiverem seus negócios próprios, serão felizes.

Nós sabemos quais são os seus anseios, não fiquem envergonhados com isso, desejando bens materiais e coisas afins. Nós também somos seres físicos em nosso plano de existência e também necessitamos de coisas materiais como você, um tanto quanto diferente é claro, mas tudo o que desejamos está à nossa disposição, não precisamos comprar ou usar um intermédio monetário para obter o que desejamos. Tudo aqui é criado holograficamente e depois manifestado na matéria, porém há um detalhe muito importante: não criamos nada sozinhos por aqui, tudo é criado através de um sistema de compartilhamento, ou seja, coletivamente. A energia individual aqui não tem potência suficiente para criar, tudo funciona através da força coletiva compartilhada.

Como vocês costumam dizer por aí, aqui a união realmente faz a força. Compreendem?

Levamos esse ditado ao pé da letra.

"A União faz a força."

Voltando a questão da felicidade, queremos que esqueçam definitivamente a ideia de procurar a felicidade no futuro.

Se acreditarem mesmo que a felicidade está no futuro e que precisam ir à busca dela, automaticamente estão dizendo e decretando para vocês mesmos que são pessoas infelizes e estão desesperados para encontrar a felicidade. Compreendam que a felicidade não deve ser perseguida, ela já existe e já pode ser usufruída.

Disseram-lhes que isso é uma verdade, que a felicidade deve ser perseguida a qualquer custo, mas infelizmente mentiram para vocês. Essa forma de pensar é uma armadilha que só alimenta ainda mais a ansiedade em vossas mentes e adoece os vossos corações.

Parem de ter esperança no futuro e comecem a confiar nele ao invés de esperar algo dele. A esperança é uma eterna forma de esperar, nada tem a ver com a prática da verdadeira fé e confiança. Confiança é ter certeza que tudo vai se realizar na hora certa. E ter fé, é acreditar naquilo que não se pode ver.

A esperança, como a própria palavra diz, é o ato de esperar, sempre esperar, uma ação passiva perante o Universo. Algo que não poderá levá-los a lugar nenhum, a não ser para um mundo de eterna espera, um mundo de eternos amanhãs que nunca chegam, pois quando aquele amanhã que tanto esperam, chegar realmente, virá outro amanhã e tomará o lugar dele, em seguida outro amanhã vem e depois outro e mais outro, ou seja, um ciclo interminável de ansiedade. Sempre os amanhãs, os eternos amanhãs.

A real felicidade deve colocar as vossas mentes em conexão com a força da gratidão, no entanto, vejam como a crença nos amanhãs, carrega as vossas mentes para onde elas realmente não precisam estar, ou seja, num futuro que ainda sequer existe.

A prática da ***esperança*** gera a crença numa felicidade que está distante e que nunca chega, gera a crença numa riqueza imaginária que nunca vem no encontro de uma pessoa amada que nunca chega e também em conquistas que nunca se realizam.

O futuro deve ser fonte de entusiasmo, ambição e vontade.

Essa prática mental é compreensível, pois há milhares de anos vocês vivem assim, condicionados, esperançosos e infelizmente.

Trocaram a confiança que há tanto tempo foi ensinada a vocês por seus grandes patriarcas, pelos sentimentos de esperança.

Isso tudo, fruto de uma apologia desenfreada pelo medo do futuro e pela crença na falta e na descrença na abundância do Universo. Vejam a imagem a seguir.

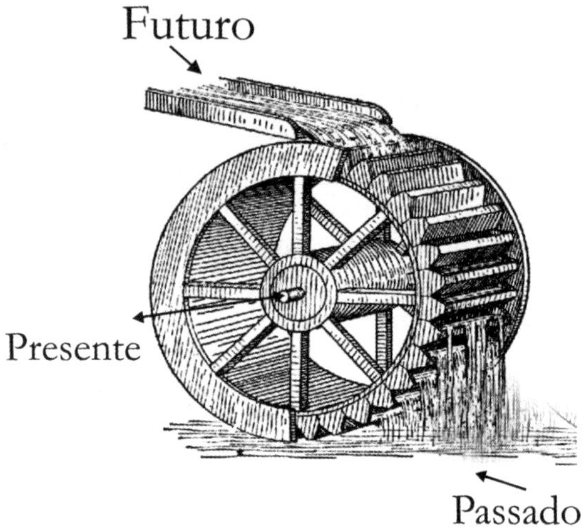

É assim que funciona a roda da vida, como se fosse uma roda d água. O que a faz movimentar é a água que vem de cima e cai com força para baixo. Esta água representa o futuro, ela traz o entusiasmo, à vontade e a certeza de uma fonte infinita que nunca para de jorrar.

Já, a própria roda de madeira representa à matéria, a peça, a ferramenta mecanicamente criada para receber a água que vem de cima e transformá-la em ação e energia, a roda de madeira simboliza o próprio corpo do homem, a mente que não para de trabalhar, se movimenta e cria energia e condições para construir o dia a dia.

A roda representa o próprio presente, a matéria que recebe do alto tudo o que necessita.

O homem precisa do entusiasmo, da vontade e do sonho que vem de cima para poder se manter vivo, como a roda precisa da água para continuar girando.

Devem estar se perguntando:

-Já que tudo vem de cima, então a felicidade também vem de cima, do futuro, não é? Agora estou meio confuso (a).

Não, a felicidade não vem de cima, do futuro, pois a força que vem de cima, não vem realmente de cima. Por exemplo, imaginem uma grande cachoeira no alto de uma montanha. Imagine-a bela e brilhante em sua mente. Tente criá-la mentalmente e depois foque seu pensamento no movimento da água que flui e cai constantemente por ela.

Pare por alguns segundos e tente imaginar de onde vem essa água que nunca para de jorrar de cima dessa montanha, há centenas e centenas de anos ou talvez há milhões de anos.

-Será que vem tudo do nada, de algum lugar que não conhecemos?

-De onde vem tanta água, como é possível ela não acabar nunca?

A fonte da água que cai de cima de uma montanha, vem da mesma água que um dia já caiu por entre as pedras dessa mesma encosta muitas e muitas vezes, no passado.

Um dia, a água passou e se transformou em rio e correu por entre as rochas, uma parte dessa água chegou até o mar e outra parte foi absorvida pela terra, se transformando em lençol freático subterrâneo e através das forças ocultas do planeta, foi levada de volta para cima daquela mesma montanha, fazendo-a cair montanha abaixo novamente, num ciclo eterno de vida e abundância.

A água que cai hoje por aquela cachoeira é a mesma água que há milhares de anos já caíram ali repetidas vezes.

Consegue compreender a magnitude dos ciclos naturais?

O planeta se auto-alimenta e se auto-abastece constantemente. Um mecanismo perfeito, um organismo vivo e consciente, que luta sem parar para manter a vida na Terra.

Voltemos novamente a atenção a nossa roda d água.

Consegue agora perceber que o que alimenta a roda d água é sem dúvida a água que vem de cima, porém essa água é a mesma que um dia já passou por ali?

Percebe que a água que cai e corre é a mesma água que volta e sustenta o movimento da roda?

Essa água que corre e segue é o próprio passado, ela vai, mas é exatamente ela que volta para alimentar tudo o que existe, porque o passado é a única coisa que realmente existe.

Esse é só um exemplo que queremos passar para demonstrar para vocês que a felicidade que tanto procuram não está no futuro, porque não é o futuro que a fabrica, tão pouco está no presente, porque o presente é algo dinâmico e ininterrupto.

O presente tem a função de transformar o futuro em passado o tempo todo, continuamente, como faz a roda d água. O presente é somente um veículo de transformação de energia. Compreende?

Novamente, deve estar se perguntando:

-Mas dizem por aí que temos de viver o presente, pois é a única coisa que existe e que temos de aproveitá-lo a qualquer custo, que o passado já se foi e não podemos ficar presos nele e nem pensando nele.

O presente faz parte desse processo e é muito importante, pois ele liga o passado a um futuro que ainda não foi criado. O presente é o intermediário, é a roda d água que movimentará sua vida rumo à realização. O passado é sua história, sua trajetória, a base que o (a) trouxe até esse momento, portanto esquecê-lo é como se estivesse apagando a sua existência, pois nele, consistem todas as suas experiências, aprendizados e lições que o (a) transformaram na pessoa que você é hoje.

Quando ouve dizer para viver o presente, é para se preparar para o futuro que está por vir. O presente é dinâmico e não para nunca.

Veja, o que você acabou de ler na página anterior, já se foi e já se transformou em passado.

O que você pensou há um segundo atrás, já se foi e também já se transformou em passado.

O presente é ativo e funciona como se fosse uma ***fábrica de passados.***

Aproveitar o presente a qualquer custo ou aproveitar o máximo do dia e buscar o prazer momentâneo, não é uma coisa ruim, é claro, a questão é querer jogar tudo em função dele, esse é o problema.

A apologia pela felicidade momentânea é algo que foi criado apenas para aumentar em vocês a vontade de consumir desordenadamente um monte de coisas supérfluas, que supostamente possam trazer uma falsa sensação de felicidade.

Esse tipo de conduta só estimula o consumo inconsciente. O que é extremamente prejudicial a vocês e ao meio em que vivem.

O consumo desordenado e a ânsia pelo prazer fugaz, podem se transformar numa fábrica contínua de frustrações. Cuidado!

O consumo inconsciente cria a necessidade de comprar ou adquirir muitas coisas ao mesmo tempo, e quando se conquista o que tanto se deseja automaticamente a pessoa se sente frustrada por saber que o que tanto desejava, já não é mais tão importante, pois algo novo já surgiu, deixando aquele sonho anterior totalmente obsoleto.

Isso causa mais e mais ansiedade em suas mentes, um ciclo de frustrações e uma necessidade desenfreada e incontrolável de consumir coisas que tragam um prazer momentâneo.

Precisam encontrar rapidamente algo mais prazeroso que compense esse vazio interior que existe dentro de vocês.

-Mas porque isso?

Isso tudo acontece porque a felicidade também não está no presente, momentos de alegria sim, podem estar no tempo presente, mas eles vêm e vão. Momentos de alegria são apenas momentos de alegria, mas a soma de momentos alegres, certamente pode constituir no futuro, uma bela fonte de felicidade, pois no futuro, poderão olhar para trás e reconhecer com clareza, que todos os momentos alegres que vivenciou um dia se tornaram uma grande fonte de gratidão e felicidade.

Queridos! O que necessitam e procuram, não pode ser algo momentâneo. Felicidade não é a mesma coisa que alegria, felicidade é um estado de espírito, um sentimento nobre que só pode ser alcançado e compreendido através do ***exercício da gratidão***.

Sim, a gratidão. A felicidade é a própria gratidão. Se você se sentir grato (a), sentir-se-á feliz.

Agora nós lhe perguntamos:

-Então. Onde podem encontrar a gratidão? No futuro? No presente? Ou no passado?

A resposta é: no passado. A Gratidão só pode existir no passado, dentro do seu passado.

Saiba, o presente que você está vivendo agora, irá se transformar em passado daqui a pouco e se fizer a coisa certa, se basear suas ações a partir de hoje, pelo prisma do amor e do bem estar, se fizer o bem para si e para os seus, se cuidar da sua saúde, do seu corpo e da sua mente, como devem ser cuidados, então estará fazendo a coisa certa, pois no futuro, sem dúvida, você se tornará uma pessoa grata e será gratificado (a) por tudo que passou na vida.

Olhará para trás e sentirá a gratidão por tudo o que fez tudo o que conquistou e aí então poderá agradecer por todos os que lhe ajudaram e participaram da sua vida.

Gratidão é a única fonte capaz de criar um verdadeiro sentimento de felicidade na sua vida. Assim funciona a lei da felicidade, pelo prisma da gratidão e não da esperança no futuro.

Estamos ensinando a lei a vocês, mas para que acreditem nela e a compreendam de verdade, devem vivenciá-la e colocá-la em prática em seus cotidianos, do contrário, de nada adiantará o que estamos informando a vocês.

Irmãos, teorias são somente teorias, sem a prática, as teorias são consideradas apenas conhecimento, uma teoria sem prática, nunca poderá se transformar em verdadeira sabedoria.

A sabedoria só é dada para aquele que vive a lei e vivencia as propriedades que ela proporciona.

Então comecemos a partir de agora a ancorar a verdadeira felicidade em vossas vidas.

A partir de hoje, sempre que estiver triste, ansioso (a), desamparado (a) e acreditando que a felicidade não chega, porque ela está à disposição somente dos outros e nunca para você, pare e volte sua atenção ao seu passado.

Foque sua atenção no passado e coloque toda a energia da lembrança nele. Comece a lembrar de tudo que foi bom na sua vida, lembre das pessoas que passaram por ela e lhe ajudaram como seus professores e mentores.

Lembre-se das brincadeiras de criança e dos sonhos que você tinha e sabia que eram possíveis de serem realizados.

Lembre-se dos seus avós, dos seus pais, dos seus irmãos e irmãs e dos seus amigos. Em seguida, leve sua mente para a sua carreira, os trabalhos que exerceu um dia e que tanto aprendeu, tente lembrar de todos os detalhes e veja como sem eles não poderia estar hoje onde está, veja como não poderia estar fazendo o que faz hoje, sem o aprendizado que um dia obteve com tanta dificuldade lá atrás, lembre-se de tudo o que estudou um dia e se sacrificou por isso.

-Naquele tempo parecia ser tudo tão sem importância, não é?

Parecia mesmo, mas hoje você pode reconhecer que foi persistente e capaz de superar muitos obstáculos. Hoje você é uma pessoa forte e confiante, pois aprendeu muitas coisas no passado.

O que aprendeu lá atrás é a sua bagagem existencial, algo muito precioso que ninguém pode roubar de você. Tudo isso é, nada mais nada menos, que a fonte do seu sustento atual.

Dessa forma, sempre que estiver desencorajado (a) e acreditando não ser merecedor (a) da felicidade, pare e valorize o seu passado, pois ele é a única coisa que realmente existe na sua vida, todo o resto ainda está por vir, pare de apostar todas as fichas numa felicidade futura.

A vida não é um jogo, como muitos acreditam ser. Cuidado. Jogar é perigoso.

Esse ensinamento é nobre e sabemos que não é algo que se aprende de uma hora para outra, mas acredite, quando começar a sentir a verdadeira gratidão no fundo da sua alma, poderá se considerar uma pessoa realmente feliz.

A prática diária sem regras e sem treinamentos maçantes, trará os resultados que deseja.

Se isso tudo que estamos dizendo, fosse uma inverdade, que a felicidade não está no futuro, nem no presente, mas sim no passado, então vossos avós que já viveram toda uma vida de conquistas e sucessos, estariam fadados à eterna infelicidade, já que não podem mais desejar uma felicidade para um futuro próximo, pois não têm mais tanta perspectiva de vida. Não é?

Certamente eles podem comprovar a veracidade dessa informação que estamos lhe transmitindo. Eles sabem que a verdadeira fonte da felicidade é a própria gratidão.

Desejamos que a partir de hoje, a gratidão faça parte de sua vida todos os dias.

Saiba, nós do Povo Azul, somos muito felizes, pois somos extremamente gratos por tudo o que vocês já fizeram por nós um dia. Obrigado!

Conversando com Deus

*** Mensagem recebida dia 12 de novembro de 2011.**

Se vossas vidas fossem somente algo retilíneo, com um início, um meio e um fim, estariam fadados ao desespero da alma. A morte não é o fim, ela é somente uma passagem para um novo renascimento. A vida é submetida às constantes reencarnações para que compreendam que são apenas partículas vivas de Deus.

Um dia sentarão ao lado Dele e compreenderão a simplicidade da Grande Verdade.

"Criei a vida para manter a própria vida. Vocês vivem esta vida para glorificá-la e mantê-la a qualquer custo. Tudo gira em torno da vida. A vida é meu próprio amor.

Talvez não consigam compreender o que quero dizer, pois há coisas que não se podem explicar através de palavras.

Olhem para uma flor, sintam o vento em seus rostos ou levem vossos olhares para onde quiserem.

Vejam, tudo foi criado para manter a vida, a vida é o propósito maior. A sua missão pessoal para esta vida, o seu desígnio, os seus sonhos, são apenas partículas de um grande sonho que um dia eu sonhei.

Meu sonho se realizou e agora deve ser mantido.

Sim meus amores, meu sonho é a própria vida e por isso ela deve ser mantida a qualquer custo.

Querem saber a razão e o propósito das vossas vidas? Eu vos digo: o propósito da vida é manter a própria vida.

Vocês são partículas minhas e fazem parte dos meus fluídos. O Espaço Negro é o meu sangue, o Tempo é a minha mente e o Universo é o meu corpo.

Vocês são minhas moléculas e suas ideias constroem o meu espírito".

****

Fé e Deus têm a ver somente com você mesmo (a), um sentimento totalmente individual e intransferível.

Deus não pode ter nome. Deus não pode ter forma. Deus não pode ser descrito. Deus não pode ter um começo, nem pode ter um fim. Por isso, Deus nunca poderá ser definido pelo homem ou por qualquer religião. Acreditem Deus não tem nada a ver com as religiões.

"Não percam mais tempo discutindo qual Deus é o maior, ou melhor. A divindade não deve ser discutida ou debatida. Ela simplesmente é."

Sobre o Julgamento

*** Mensagem recebida dia 15 de novembro de 2011.**

Ninguém que procure a Luz, pode se constituir um juiz de outro filho de Deus.

Não é de vossa alçada julgar o outro, porque não conheceis as forças nem as condições que agem sobre vossos semelhantes.

Não há a mínima esperança para vós, no céu ou na Terra, enquanto persistirdes em manter na vossa consciência, pensamentos e sentimentos de crítica, condenação e aversão. Deveis vos preocupar sim, com a vossa própria atividade.

-Mas se alguém que amam muito estiver tomando caminhos completamente errados? O que muitos fazem em primeiro lugar?

Certamente por-se-iam a julgar e a criticar.

Ao invés de praticar o julgamento, silenciosamente, derramem todo o amor possível e enviem esse sentimento direto para eles, como se fosse uma flecha para seus corações que certamente estão necessitando de amparo. Saibam queridos, esse é o melhor auxílio que podem e devem dar a todos aqueles que estejam a par das circunstâncias.

Se esse sentimento brotar como verdade do fundo dos vossos corações, então estarão começando a compreender o poder da verdadeira caridade.

-Será que isso é tão difícil de fazer?

Sim, isso é muito difícil, nós sabemos, mas é para isso que estão aí, para aprenderem a praticar o verdadeiro amor e aprenderem a serem justos consigo e com todos.

Em todas as formas de julgamento está intrínseca a mais destrutiva das armas da sociedade humana: a raiva e o ódio mudo e dissimulado. Algo que aprenderam durante eras e eras a esconder atrás de belas palavras, um sentimento surdo e hipócrita, que tem a intenção de prejudicar o outro, uma forma de se colocar acima ou em posição de superioridade sobre quem se retrata.

No fundo, agindo desta forma, estão se escondendo sob suas próprias mazelas e seus próprios medos.

O julgamento foi dado a vocês para poderem compreender os seus próprios erros e suas próprias condições.

O outro deve servir sempre como espelhos para vocês, mas inacreditavelmente ainda não o fazem, preferem lançar ao outro o que lhes faz mal, o que lhes traz inquietação e inveja.

-Porque não conseguem ainda admirar os que estão melhores que vocês?

Depois de tanto tempo de aprendizado, ainda assim preferem invejá-los.

-Porque não conseguem amar os que ainda estão piores do que vocês?

-Talvez porque ainda necessitem muito da energia deles, não é?

Pensem nisso! Não são os fortes que sustentam a egrégora da Terra, mas sim os fracos, por que deles ainda há de brotar a força infinita da verdadeira bem aventurança.

Queridos, é chegado o momento de saberem que os que julgam, são os maiores prejudicados em todo esse processo.

A Lei da Reciprocidade é bela e infalível. Como toda lei universal, ela possui seus dois lados de manifestação, o positivo e o negativo.

Experimentem e usufruam de suas propriedades, pois elas são extraordinárias.

Ame e será amado (a), admire e será admirado (a), ajude e será ajudado (a), conforte e será confortado (a), compartilhe e será recompensado (a). Não há discórdia capaz de eliminar as magníficas proezas das coisas criadas por Deus.

Ainda estão no berço das grandes descobertas. Ainda há muito para descobrirem dentro do oculto e do abstrato que existe nos mundos superiores. O desconhecido é infinitamente maior do que o conhecido.

Não se contentem um minuto sequer e não se acomodem por achar que muito já sabem. Alimentem as vossas ânsias pelo desconhecido e verão seus presentes cósmicos aos poucos descerem dos céus e precipitarem como milagres aí na Terra.

Precisam compreender definitivamente que é chegado o momento da libertação de vossos egos inferiores, esses que tanto os maltratam e que tanto os inquietam.

Esse enorme peso que carregam em vossas consciências, está alicerçado sobre os grossos e pesados pilares do julgamento, os quais foram construídos durante milênios por vossa sociedade.

Agora é chegado o momento de subirem mais um degrau na escada evolutiva humana e pararem de julgar uns aos outros dissimuladamente.

A Lei do Compartilhamento tem todas as ferramentas plausíveis para diluir as mazelas que o julgamento alheio já causou. A convivência e a compaixão são as bases da Era de Ouro que se inicia em glória aí na Terra e durará aproximadamente 2.000 anos.

"É bem mais difícil julgar a si mesmo (a) que julgar os outros. Quando conseguir fazer um bom julgamento de si próprio (a), aí sim poderá se considerar uma pessoa verdadeiramente sábia."

Sabedoria

*** Mensagem recebida dia 15 de novembro de 2011.**

É preciso ser uma pessoa extremamente sábia para reconhecer o outro como um irmão. Mas a sabedoria só poder ser obtida através da prática da humildade. Por sua vez, a humildade só pode ser conquistada através da convivência.

A humilde convivência é o grande laboratório humano, o único ambiente capaz de possibilitar o encontro do conhecimento com a sabedoria.

A Lei do Compartilhamento

*** Mensagem recebida dia 16 de novembro de 2011.**

Se quiser se tornar uma pessoa de sucesso, pode começar a se preparar a partir de hoje para não se preocupar mais somente consigo mesmo (a). Essa é a palavra de ordem para os próximos 500 anos.

-Isso lhe assusta?

Então, comece por não esperar que alguém faça as coisas por você e não se lamente por não conseguir algo por causa de alguém, não reclame dos outros e não os julgue pelas suas prováveis incapacidades, pois no mundo futuro somente terão acesso às riquezas do mundo, os homens e as mulheres que exercerem a gratidão em suas vidas, gratidão pelas pessoas com quem convive e pelo simples fato de ter em seu íntimo a vontade de vencer e compartilhar o que se conquista.

“Uma pessoa só é uma pessoa, porque existem outras pessoas.”

Essa é base da Lei do Compartilhamento. A riqueza do futuro não estará mais relacionada ao acúmulo de bens e dinheiro, mas sim pela quantidade de benfeitorias que uma pessoa é capaz de gerar para si e para os outros, ou seja, para a sociedade como um todo.

Para que isso aconteça, vocês terão de estar isentos de todas as formas de julgamento alheio, pois de uma forma ou de outra, estarão todos interligados entre si.

Quando chegarem nesse estado evolutivo, e afirmamos que vocês chegarão, não poderão e nem conseguirão culpar ou julgar outrem em benefício próprio ou de alguém.

Estão ainda no início desse processo de mudanças extremas e que durará ainda muitos e muitos anos para se concretizar, mas vocês são os pioneiros, os que construirão a base de sustentação desse novo sistema de inter-relacionamento humano.

Acreditem vocês vencerão todos os obstáculos e verão as maravilhas da Lei do Compartilhamento agindo em suas vidas.

Ficarão maravilhados com as belezas que ela é capaz de proporcionar.

Sobre a Era de Ouro

"Preparar-se para o futuro, significa fundamentar o presente."

*** Mensagem recebida dia 16 de novembro de 2011.**

Pare, observe e veja uma nova realidade à sua volta.

Um novo mundo está nascendo. É chegado o momento de viver a verdade das vossas vidas. Deixem as mentiras que há tanto tempo lhes envolvem irem embora de uma vez por todas. Solte-as, liberte-as, pois elas não precisam mais fazer parte das vossas vidas.

Deixe-as ir junto ao vento da grande calda que a Terra está deixando para trás enquanto navega pela etérea rota da eternidade.

A grande nave chamada Terra, está viajando neste exato momento, acima dos 110.000 km por hora e acelerará cada dia mais.

Desapeguem-se do velho e deixem tudo ir embora junto com os ferozes ventos do planeta.

Em apenas alguns segundos, já não sentirão mais a presença da dor e da pesada culpa sobre vossas costas. Não precisam mais carregar tanto peso e tanta preocupação. Deixe tudo ir embora.

Permitam, autorizem e deixem que a verdade maior se manifeste agora em vossas vidas.

Sintam a natural e a verdadeira leveza dos vossos corpos se manifestando.

É hora de fazer por vocês o que precisa ser feito. Não se preocupem tanto com os outros agora, eles são importantes sim, mas é preciso que façam por vocês primeiro.

Queridos, quando fazem por vocês, automaticamente todos ao redor se beneficiam. Compreendem?

Tornem-se exemplos para muitos e vejam a força que possuem. O exemplo é sem dúvida o maior de todos os credos.

Manifestem-se, ajam, façam, não esperem que os outros façam por vocês o que vocês precisam fazer. Vieram para este mundo com um propósito maior a ser cumprido, despertem para vossas verdadeiras missões e sintam de uma vez por todas, os milagres acontecerem em vossas vidas.

-Quer ser um (a) espiritualista de verdade?

Então aja, faça o que tem de ser feito, ao invés de apenas se ajoelhar e pedir.

Vocês são todos magos, alquimistas da alma, todos vocês possuem dons mágicos, dons que podem se manifestar e transformar o mundo. Não há magia maior e mais potente que a força da vontade e da perseverança.

Vocês têm poder, mas nunca lhes disseram isso. Suas intenções, suas vontades, seus desejos e seus talentos são seus maiores poderes. Utilize-os. Eles estão disponíveis para serem usados em vosso benefício e no benefício de todos.

Está determinado dentro dos anais do tempo, que daqui em diante, a luz da verdade guiará o caminho de todos aqueles que estiverem despertos e com vontade de participar da construção de um novo mundo.

O novo mundo está reservado aos ***despertos*** e não aos ***espertos*** e aos ***dispersos*****.**

Mas é preciso também que deixem Deus, trabalhar um pouco por vocês para colocar as vossas vidas no rumo correto.

Ele está aí. Vivo e vibrante, agindo dentro de cada uma das vossas células.

Sim, Ele está aí! Vocês são o próprio Deus em ação.

Sim, vocês são Deuses!

"Existe algo que está acima de todas as religiões: ele se chama Exemplo. O exemplo é o maior de todos os credos. O mestre Jesus é um exemplo disso."

Ter ou Ser?

*** Mensagem recebida dia 17 de novembro de 2011.**

Vamos deixar a arrogância, o egoísmo e a presunção de lado. Parem de dar ouvidos ao ego exacerbado e superestimado que mora dentro das vossas mentes, pois ele certamente pode ter sido demasiadamente mimado como se fosse um bebê.

Precisam acordar e dar ouvidos a voz da humildade que está adormecida.

Ela reside em vocês e faz parte da escatologia humana. Mas parece que vocês estão ultimamente estranhos como se estivessem hipnotizados ou em estado de hibernação e não conseguem dar o devido valor a humildade.

Infelizmente a humildade é uma conduta fora de moda para os dias atuais.

Mas não se enganem, parem de dizer a todo instante: **"Eu sou isso"**, **"Eu sou aquilo"**, **"Eu tenho isso"** ou **"Eu tenho aquilo"**, ou palavras que enalteçam somente o ego e o egoísmo.

Paremos com isso, pois neste mundo em que vivem não ***se é nada***, apenas ***se está***.

Como também nesse mundo não ***se tem nada***, apenas ***se empresta por um período de tempo***.

-Mas o que a humildade tem a ver com tudo isso?

Acreditem. Somente através da humildade, uma pessoa consegue chegar a ter algum entendimento da vida e dos propósitos divinos.

Somente através da prática da humildade você conseguirá reconhecer quem você realmente é, e não quem você pensa que é. Há uma grande diferença nisso.

O ***Ser*** e o ***Ter*** fazem parte da mesma coisa, são os pólos contrários de uma mesma coisa. Não se pode Ser, sem Ter, e não se pode Ter sem Ser. Um paradoxo que somente a humildade pode revelar. A humildade é o grande ensinamento espiritualista.

O Tesouro

*** Mensagem recebida dia 17 de novembro de 2011. (continuação).**

Há algo valioso lhe esperando. Um sonho vibra intensamente dentro do seu espírito e almeja ser totalmente realizado.

No entanto para realizá-lo é preciso que não siga o fluxo da maioria das pessoas. Não faça o que todos estão fazendo. Opte por fazer o que é mais difícil, aquilo que ninguém quer fazer, exatamente pelo fato de ser muito complicado. Acredite, pode ser aparentemente dificultoso no início, mas esse caminho é o melhor caminho. O caminho dos fortes.

É percorrendo por este caminho que encontrará as pessoas que lhe trarão todas as oportunidades e possibilidades para que seu sonho maior se realize. Esse é o segredo oculto da perseverança, o lado inverso da dúvida e do medo, o lugar onde reside a confiança e a verdadeira fé.

O lado oposto da dificuldade é exatamente onde residem todas as facilidades. Somente enfrentando as dificuldades o ser humano poderá compreender os segredos da boa aventurança e os mistérios da boa fé.

Persevere e siga adiante, até porque acreditamos que você não tem outro caminho melhor a seguir que não seja o de ir adiante, sempre em frente. Não é?

Desculpe-nos, mas é só uma brincadeira para descontrair.

Se estivermos dizendo uma inverdade, convido-o (a) a ler novamente a vida do vosso grande patriarca Abraão. O exemplo que Abraão deixou, pelas terras de Canaã, dirá tudo o que precisam saber.

Depois de conhecerem a vida desse homem, despertarão e começarão a ver suas próprias vidas por outro ponto de vista e terão o prazer de reconhecer os prazeres do mundo espiritual e o poder da fé em Deus.

Quando você determinar no fundo do seu coração, e disser para si mesmo (a), o que realmente quer para a sua vida, tudo se tornará mais fácil e claro. Persiga os seus sonhos, pois nunca se arrependerá de ter feito isso.

Quando dizemos que não se pode ter nada, pois tudo está sob forma de empréstimo na Terra, estamos querendo dizer que tudo o que é seu, chegou até você através da ajuda de alguém e um dia deverá ser repassado para outrem.

Nesse mundo nada vos pertence realmente, o que possuem está em vosso poder temporariamente e um dia deverá ser devolvido ou repassado para outros, num processo infinito de partilha e justiça.

Se não fosse assim, os grandes templos do antigo Egito e as grandes pirâmides que foram construídas pelos grandes Faraós e suas famílias continuariam até hoje em poder de seus descendentes. Isso não é possível acontecer, porque a posse não pode existir num planeta que é regido pela justiça divina e o compartilhamento. A posse é uma mera ilusão da matéria.

Sim, as posses são necessárias, no entanto queremos que não se apaixonem tanto por elas, como estão se apaixonando atualmente, pois os verdadeiros tesouros não estão aí na Terra, os verdadeiros tesouros estão sim, no céu.

-Não devemos então ter o desejo de sermos ricos, prósperos, famosos e possuidores de muitos bens?

Sim, devem desejar tudo isso e muito mais, mas que a intenção seja sempre em prol da elevação própria e dos que os rodeiam, do contrário, se quiserem tudo para si, como muitos costumam fazer, o direito de ter, será retirado e trocado pelo dever de devolver.

Nada é mais forte e eficiente que a justiça divina.

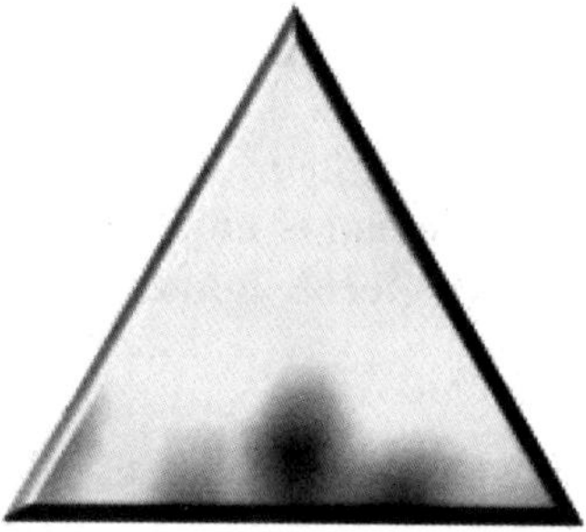

O Propósito

*** Mensagem recebida dia 17 de novembro de 2011.**

A força do progresso é gigantesca, ninguém pode contê-la. De uma forma ou de outra, mais cedo ou mais tarde, ela vai acontecer na sua vida.

Se o progresso e o sucesso não estão fazendo parte da sua vida ainda, é porque no fundo, está resistindo ou bloqueando a chegada dele.

Progredir, ser próspero (a), ser feliz e sentir o bem estar é o natural do ser humano. Sofrer, sentir-se desamparado (a), depressivo (a), descrente, viver em função da falta e da desconfiança dentro de um mundo de prosperidade e reconhecimento, vai contra a força natural do Universo e dos propósitos divinos.

Liberte-se do medo e comece a entrar num processo de receber o que é seu por direito.

Acredite, o Universo luta o tempo todo por você, ele quer lhe presentear, mas a maior parte do tempo, você está bloqueiando isso, ou seja, não permite, pelo simples fato de sentir medo do desconhecido e do futuro.

Se há algo certo, é que, o progresso e a prosperidade, acontecerão na sua vida, mais cedo ou mais tarde. É chegado o momento de permitir a ação do amor em sua vida. É momento de se preparar para o recebimento dos presentes cósmicos que são seus por direito.

"Há uma força que lhe persegue o tempo todo. Por mais que você tente fugir, ela vai continuar atrás de você. Essa força é o amor e o bem estar. Não adianta resistir, ela é poderosa e sempre vence."

Quando estiver preparado (a) para receber os milagres que estão predestinados a acontecer em sua vida, verá que eles precipitarão e se manifestarão na Terra, como se fosse uma chuva torrencial que precipita dos céus.

-Mas porque muitas vezes, você não recebe o que pede?

-Porque demora tanto tempo para as coisas acontecerem em sua vida?

Não é porque não está desejando o bastante. Não é porque não está pedindo corretamente. Não é porque é pouco inteligente. Não é porque não é merecedor (a). Não é porque o mundo está contra você, muito menos porque os outros foram mais rápidos que você e receberam antes, o que você tanto queria.

Os presentes que estão reservados a você, são seus, só não os recebeu ainda, porque ainda não está pronto (a) para recebê-los. Esse é o único motivo de não receber ainda os seus presentes. Acredite, o que está predestinado a ser seu, não pode ser de mais ninguém.

Há de haver a partir de agora, um preparo maior da sua parte. Faça um pacto com você mesmo (a) e siga em frente a fim de encontrar o real propósito da sua vida. Vá ao encontro daquilo que traz o prazer verdadeiro que tanto procura. A única coisa que poderá lhe trazer a verdadeira satisfação e lhe transformará numa pessoa feliz e com vontade de compartilhar a vida com tudo e com todos os que lhe rodeiam, é o seu propósito de vida.

O preparo é a condição que o Universo lhe pede para manifestar na Terra, o que tanto deseja.

Como poderia uma pessoa se transformar num médico reconhecido e bem sucedido, se não estudasse durante seis ou oito anos, com muito sacrifício para se especializar na área de sua preferência, quando ainda era jovem?

Como poderia um empresário de sucesso, se tornar um dos maiores empreendedores de um país, se ele não se preparasse para isso?

Muitas vezes, os grandes empreendedores de sucesso tiveram de trabalhar, por exemplo, como auxiliares e trabalhadores de chão de fábrica, ou tiveram de sair a campo, como vendedores para compreenderem o funcionamento do mercado e aprenderem a lidar com os obstáculos, não é?

A pessoa de sucesso sabe que cada ato, que cada aprendizado, que cada vivência, por pior que pareça ser, é sempre um aprendizado, e que no futuro, tudo aquilo que foi sacrificante um dia, é de grande valia no seu desenvolvimento atual. Ele (a) sabe que nada é perdido e tudo o que aconteceu foi importante na sua vida. Ele (a) sabe que tudo o que se faz, é uma forma de preparação, um passo a mais que se dá rumo à grande conquista.

A pessoa de sucesso não tem dúvida, ela vive sob o prisma da certeza e da confiança no

Universo. Ela sabe que o ***sacrifício**** é o presságio de uma grande vitória que está por vir.

* sacrifício significa sacro ofício, ofício sagrado, aquele se faz em função de um propósito maior, o propósito da sua vida.

Deve estar se perguntando:

-Tudo o que vocês disseram, me leva crer que aquele ditado que muitos costumam dizer: "Que as coisas não caem do céu, é um ditado equivocado. É isso?"

Nós dizemos que sim, esse ditado está errado, porque as coisas caem do céu sim, tudo o que se manifesta na Terra, primeiro se manifesta no céu. Mas as coisas só podem se manifestar na Terra, através das pessoas. As pessoas são os veículos de manifestação entre o céu e a Terra.

Por exemplo, ninguém consegue construir um grande negócio sozinho, são necessárias pessoas para se construir qualquer coisa na vida, inclusive ter filhos e constituir uma família. Tudo vem de cima, mas é preciso que as pessoas manifestem e precipitem os milagres na Terra. Os milagres não cairão do céu aos seus pés, surgirão pessoas no caminho que trarão as oportunidades e as possibilidades que farão seus sonhos se tornarem realidade. Compreende?

Tudo vem de lá, do mundo superior, o mundo que vocês não conseguem enxergar, o mundo oculto, o mundo espiritual, o mundo de onde todos vieram e para onde todos um dia voltarão.

-Como assim?

Sim, vocês são espíritos. Vocês são espíritos tendo uma experiência na matéria, não são seres materiais tentando ter experiências espirituais, essa é a grande diferença.

Todos vocês são espíritos em essência. Por esse motivo é necessário a partir dos próximos anos, que voltem suas atenções para os assuntos terrenos, e comecem a tomar as rédeas das vossas vidas aí na Terra com afinco, e parem de ficar repetindo rituais religiosos que supostamente elevem vossas almas ou que vos carreguem a uma suposta iluminação.

Como já dissemos: vocês já são espíritos, não precisam perder mais tanto tempo praticando rituais espirituais. Vocês vivem na Terra e precisam resolver os assuntos da Terra, como por exemplo, amar o próximo, cuidar do corpo e da mente, ajudar a construir um novo mundo e criar possibilidades de crescimento mútuo. Tem muita coisa a ser feita por aí.

O mundo precisa de pessoas que ajam e façam, a palavra de ordem do novo milênio é a ***Ação*** e não a passividade dos rituais religiosos.

Mãos a obra. Não fiquem mais se ajoelhando e esperando. O mundo precisa de vocês.

Tudo vem de cima e se precipita embaixo. Tudo o que ocorre aí, é reflexo do que ocorre primeiro aqui. Tudo o que esperam que um dia aconteça aí, vem daqui. Acreditem tudo vem daqui, do mundo espiritual, o mundo das ideias e dos ideais.

As ideias que vocês têm, não são frutos das suas mentes, todas as ideias vêm do mundo espiritual, vocês apenas acessam as informações através da concentração e das boas intenções, descobrem-nas e em seguida as recriam aí na Terra.

Descobrir é retirar a cobertura de algo que já existe, porém ainda se mantém encoberto no plano espiritual. Vocês apenas retiram as camadas que os mantém cobertos e recriam novamente no plano físico.

Devem estar questionando:

-Mas será que isso não é menosprezar a capacidade humana e o poder criativo do homem?

Num primeiro instante pode parecer que sim, mas se lhes disséssemos que tudo o que inventam, desenvolvem e criam aí no plano físico, um dia já foi criado por vocês mesmos aqui no plano espiritual, para que depois que renascessem, pudessem acessar, descobrir, recriar e manifestar aí na Terra?

Sim, é assim mesmo que funciona. Vocês preparam aqui e manifestam aí, porque aqui não se pode evoluir, apenas aprimorar. A evolução é feita sempre no plano físico, nunca no plano espiritual. Estão aí para desenvolver, agir e criar. Não estão aí para se espiritualizar.

Queridos vocês já são espíritos, não percam mais tempo querendo se tornar pessoas mais espiritualizadas.

É por esse motivo que dizemos que é de suma importância descobrir seus propósitos maiores para esta vida. Pois vocês se programaram a vir fazer coisas que somente vocês podem fazer, ninguém poderá cumprir por vocês o que cada um se comprometeu a vir fazer.

A missão individual ou a lenda pessoal é intransferível. Tudo o que determinaram receber aí na Terra, está determinado a se manifestar. Esses são os chamados ***presentes cósmicos***.

Muitos se esquecem disso durante a vida e a deixam passar sem nada fazer, neste caso, mesmo assim, o propósito não morre. Se não consegue cumprir o que precisa cumprir nesta vida, então vem na outra e cumpre se não consegue na seguinte, volta novamente para tentar cumprir e assim por diante. Assim é o movimento das rodas dos renascimentos dos ciclos de Samsara.

É chegado o momento de descobrir o que faz real sentido para a sua vida.

O sentido é a direção, o motivo, o rumo que a sua vida pede para ser seguido.

-Mas como eu posso acessar essas informações e encontrar o propósito da minha vida?

A preparação, a persistência, à vontade e o entusiasmo que vibra no fundo de seu coração é que o (a) levará ao encontro deles.

Descobrir o seu propósito maior para esta vida, é como tentar descobrir o seu próprio destino. Algo muito difícil para alguns, porém bem simples para outros.

-Mas o que é o destino? Como desvendar algo tão utópico e invisível?

Vamos lá! Vamos deixar agora algumas perguntas para que você mesmo (a) responda.

-Qual é o seu destino? Essa é uma dúvida que você tem?

Não há segredo para descobrir qual é o seu destino. Ninguém precisa lhe dizer o que fazer ou para onde ir. Não terceirize mais o que você mesmo (a) já sabe.

-O que mais deseja na vida?

-Ter uma família, um bom trabalho, um ótimo emprego ou um negócio próprio? Então esse é o seu destino.

-Quer ser um (a) médico (a) conceituado (a), um (a) advogado (a) competente e ser reconhecido (a) por isso? Então esse é o seu destino.

-Quer ser um cantor ou uma cantora famosa? Então esse é o seu destino.

-Quer ser uma pessoa de sucesso, rica e próspera? Então esse é o seu destino.

-Quer trabalhar com voluntariado e servir ao próximo?

-Quer ser uma pessoa reconhecida pelo seu altruísmo incondicional? Então esse é o seu destino.

No fundo, você sabe qual é o seu destino, todos conhecem seus próprios destinos, mas poucos apostam e perseveram para cumprir e chegar até onde desejam chegar. Ninguém poderá lhe dizer realmente para onde ir, somente você sabe exatamente o que vibra no fundo do seu coração. Você sabe onde deve ir. Basta despertar do seu sono profundo e ir em frente.

O seu coração pode lhe mostrar e levá-lo (a) ao encontro da sua vontade verdadeira, o seu sonho oculto que na maioria das vezes não conta para ninguém. Esse segredo oculto que vibra aí dentro do seu peito, é o seu verdadeiro destino.

-Por que não sai em busca dele?

Nunca é tarde para começar. Não importa a idade que tenha, nunca é tarde. Há pessoas que começam a buscar seus sonhos depois dos sessenta ou setenta anos. Portanto não há desculpas para não ir em frente. Não há segredo oculto que não deva ser revelado.

O segredo que mantém dentro da sua mente, deve ser trazido à tona. Deve ativá-lo e decretá-lo em voz alta, mesmo que somente você escute, não tem problema. Mas deve trazê-lo à tona e verbalizá-lo, ou seja, torná-lo real, através da voz, para em seguida se manifestar verdadeiramente em sua vida.

A mente é confusa e muito poderosa, ela pode enganar o mais inteligente dos filósofos e intelectuais do mundo, ela é complicada e plausível a erros e mentiras. Sim, a maioria das vezes a mente, mente para você. Ela pode lhe enganar.

É chegada a hora de começar a ouvir a voz do seu espírito, pois ele é puro e nunca mente para você.

Por esse motivo é importante manter-se alerta e praticar a meditação, não a meditação exatamente nos moldes que estão acostumados a ver, com posições e exercícios específicos.

Meditar significa: ***Me - dizer***. É para isto que serve a meditação, para entrar no vazio da sua mente, se desligar dela e entrar em sintonia com o seu espírito, para então, conseguir ouvir o que ele tem a lhe dizer. Esse é o objetivo principal da meditação: descobrir o que está encoberto pelas grossas camadas do Ego.

Se o seu espírito disser para fazer, então faça, não tenha dúvida, a informação virá limpa e clara em sua mente. O espírito deve estar sempre no comando.

A mente muitas vezes o (a) coloca em situações desconfortáveis e sem saída.

Se precisar decidir algo complexo que mudará o rumo da sua vida ou de muitas pessoas, e sente muita dúvida, aflição e agonia, então pare e não decida nada na hora, mesmo que seja pressionado (a) para tal. A pressão geralmente significa assédio espiritual de terceiros, e isso deve ser evitado a qualquer custo.

Se a dúvida se apresenta, deve elevar seu pensamento e pedir orientação para seu espírito, com certeza ele lhe trará a resposta e lhe dirá o melhor caminho a seguir. Se for possível faça isso à noite antes de dormir.

O bem estar, o progresso, a saúde física e mental, a riqueza, as boas amizades e os bons relacionamentos, estão lhe esperando e clamando por você. São todas partículas de uma grande força chamada ***Amor***. O amor é uma força que pulsa que deseja e almeja a sua presença. Deixe-o se aproximar.

Dissolva o orgulho que bloqueia a sua chegada. Liberte-se e deixe o amor entrar em sua vida, verá maravilhas acontecendo através dele. Pare de lutar contra ele, permita que o amor chegue e se manifeste em sua vida a partir de hoje.

-Porque não fazer isso?

Não adianta resistir por muito tempo. Essa força é poderosa e logo vai fazer parte da sua vida. Ela sempre chega. O Amor sempre chega.

Competição?

*** Mensagem recebida dia 18 de novembro de 2011.**

É momento de despertar para o novo mundo que está surgindo bem em frente aos seus olhos.

Ao invés de continuar se preocupando em ser mais esperto (a) que os outros, para se dar bem, comece a se preocupar em como ajudá-los a crescer. Verá sua vida mudando radicalmente.

Isso significa se tornar uma pessoa pró-ativa que trabalha em função da prosperidade universal.

A cooperação e o compartilhamento serão os pilares de sustentação das próximas décadas e a base da sociedade dos próximos séculos.

-Será que tem pleno conhecimento do que está ocorrendo com vocês atualmente?

-Vocês acreditam que vão chegar a algum lugar vivendo da forma que estão vivendo atualmente?

Desculpem a nossa sinceridade, mas não é possível ir adiante por muito tempo, sustentados por esse sistema atual.

-Será que as estruturas familiares suportam tanta pressão e tanto desamparo?

É incrível ver como não estão conseguindo agir contra as forças que estão sendo exercidas sobre vocês.

Não conseguem agir porque estão totalmente engessados vibracionalmente, não estão conseguindo se acalmar e estão se tornando pessoas extremamente rígidas psicologicamente. Isso tudo já está refletindo em vossos físicos.

Vejam como estão se enrijecendo fisicamente e ficando cada dia, mais preguiçosos. Há um número crescente de pessoas depressivas no mundo.

-Mas o que está acontecendo?

As dores musculares, a ansiedade, o cansaço físico e mental, são apenas reflexos de um grande movimento social no qual, estão todos mergulhados. Além de estarem mergulhados, estão se sentindo totalmente sufocados.

Sim, do ponto de vista psíquico, realmente estão sufocados.

Na verdade estão acomodados e não querem sair dessa condição, não porque são teimosos e não desejam sair dessa condição, mas pelo fato de não conhecerem ainda outro formato social plausível.

Ainda não têm uma alternativa disponível. No fundo estão sufocados pelo sistema que vocês mesmos criaram.

Sabemos que muitos estão suplicando por ajuda por não estarem conseguindo mais lidar com tantas situações adversas no dia a dia. Estão se sentindo perdidos em meio a tantas dificuldades emocionais, afetivas e espirituais. Vemos muitos chorando pelos cantos, nas praças, nas calçadas, deitados em suas camas, sozinhos, andando pelas ruas desajustados e desamparados, sem saberem o que fazer com suas próprias vidas.

Há um descaso coletivo no ar, seguido de um surdo desespero.

-Mas ninguém aí quer tocar neste assunto, não é?

-É lógico, como alguém pode abaixar a guarda, se estão vivendo uma enorme guerra vibracional?

Sim, uma guerra vibracional. Estão vivendo uma espécie de guerra psíquica.

Vemos discursos enfáticos em todos os lugares e meios de informação, sobre a competitividade, como se a competição fosse algo saudável.

Chegam a comparar o ser humano aos animais para comprovar a eficiência desse modelo social de competição, onde o mais forte sempre vence o mais fraco e o vencedor é reconhecido por todos, como se estivessem vivendo dentro de uma grande matilha de lobos.

É um absurdo continuarem pensando dessa forma. Uma forma realmente primitiva de pensar. Desculpem nossa sinceridade, esperamos não ofender.

Mas é duro ver que a competição se tornou quase como um mantra moderno para vocês. Vemos que desde o momento que acordam e se levantam da cama, imediatamente se lembram dela e assim começam os seus dias, pela força da competição e pela necessidade de lutar contra o inimigo que é o seu próprio semelhante.

Meu Deus! Vocês são humanos, não são animais!

-Para quê isso?

Já é perceptível que esse modelo de pensamento está se tornando algo incontrolável e prejudicial para milhões de pessoas ao redor do mundo.

Se demorarem muito para acordar e enfrentar esse problema, talvez percebam que perderam virtudes essenciais pelo caminho da evolução humana.

Nós perdemos muito tempo e muita energia com a competição e não chegamos a lugar algum com ela. Perdemos mais de 2.000 anos. Não queremos que vocês também percam tanto tempo assim.

Esse padrão competitivo é a maior fonte de violência física e agressividade emocional que existe atualmente entre as pessoas, e também uma das maiores fontes de ansiedade e frustração.

A competição já se tornou uma regra, ao invés de avançarem para patamares evolutivos mais altos, estão engessados e bloqueados por causa da competitividade.

A competitividade não é o caminho do futuro. O compartilhamento mútuo, sim. Talvez queiram ver para poderem crer, mas nós sugerimos que é perda de tempo esperar para ver. Parem de apostar na competição e comecem a optar pelo compartilhamento.

Percebam como as pessoas não estão conseguindo mais parar e se aquietar, parece que todos estão vivendo num mundo de emergências extremas.

-Mas para quê? Qual o motivo disso? Será o dinheiro?

Bobagem. O dinheiro é só uma muleta que encontraram para preencherem algo que não pode ser preenchido através dele.

O dinheiro nunca preencherá o vazio da alma. Somente a livre e boa convivência pode preencher o que deve ser preenchido.

Amar o próximo como a ti mesmo, ainda é a grande meta do homem. Mas inacreditavelmente, ainda não compreenderam o que o mestre um dia quis lhes ensinar.

Vocês não conseguem mais parar e olhar uns aos outros nas ruas. Vejam como estão com medo uns dos outros. Essa conduta revela a guerra psíquica que estão vivenciando, pois a competitividade transforma o outro sempre em um potencial inimigo.

Meu Deus! Vocês são humanos e não animais!

Os astronautas chegaram até a Lua e conseguiram dar um grande passo para a humanidade, mas infelizmente vocês ainda não conseguem sequer dar um passo em direção ao outro.

-Mas por quê?

Porque essas são as heranças maléficas da competitividade a qualquer preço.

Mas há a boa nova. A boa notícia é que estão sendo amparados por seres de alta hierarquia evolutiva que desejam ver a vossa redenção e a glória de Deus iluminando a Terra.

-Vocês acham que em planos espirituais superiores é possível existir a competitividade?

Não, isso não é possível, não há como florescer a competição no astral superior.

As hierarquias superiores vivem num ambiente chamado de ***Plano Servidor***. Um ambiente servidor nunca poderá ser regido pelas forças da competitividade, somente pela força do amor e da humildade. Eles servem e vocês são servidos, assim funciona. Mas não se acostumem tanto em serem ***servidos***, pois um dia todos vocês também serão servidores. Na verdade vocês estão treinando exatamente para isso.

A Conta Corrente Astral

"Se o malandro fosse realmente esperto, ele seria honesto."

Essa é a máxima que um dia um velho amigo espiritualista que já se foi me disse, e só há pouco tempo atrás, consegui compreender o que ele estava querendo me dizer com esta frase.

Com as mudanças que estão se aproximando, e outras que já se faz presentes em nosso dia a dia, essa certamente é uma das principais questões que as pessoas devem voltar suas atenções.

Como divulgadores e ilustradores da Era de Ouro, através de nossos livros, podemos dizer que a aceleração do tempo e a percepção dele, não estão ocorrendo por acaso.

No dia dezoito de setembro de 2011, o Povo Azul me disse algo sobre isso e completamos esse raciocínio:

*** Mensagem recebida dia 18 de novembro de 2011.**

Existe um processo se desenrolando no astral superior, justamente para acelerar a transição do planeta, de um sistema de provas e expiações para um sistema de regeneração, e em seguida, num próximo passo, num futuro ainda um pouco distante, a implantação completa de um sistema orgânico e compartilhado que transformará o planeta Terra num planeta não mais de aprendizado, ou seja, um planeta escola, mas sim, em um planeta de justiça divina, onde os que aqui vierem serão transformados em seres justos e perfeitos, ou seja, a escatologia do próprio Lord Melquesedeque, o rei do mundo, a consciência do próprio planeta Terra, o rei da Justiça.

* Melquesedeque segundo a bíblia significa: O rei da Justiça.

Algo ainda ilógico e utópico para vocês, mas totalmente plausível e possível para os propósitos maiores da espiritualidade que vos cercam. Não vamos entrar nesse quesito agora, pois não é esse o objetivo desta mensagem.

Ilustrar o astral superior é algo ainda complexo e pouco difundido, ainda estão no limiar do abstracionismo, com relação às coisas ocultas e o que acontece nos mundos interdimensionais.

Vocês não conseguem ver as ondas de rádio, nem as ondas eletromagnéticas que chegam a suas casas pelas antenas de seus televisores, não enxergam as vozes viajando e vagando pelo vazio do ar, através do globo terrestre, entre os bilhões de celulares, não conseguem enxergar às imagens, os filmes saindo de vossos computadores e viajando de um canto do planeta até o outro através da internet. Vocês sequer param para pensar nisso, não é?

-Não é maravilhoso? Não é algo realmente mágico o que vocês construíram?

Sim, realmente é mágico.

Na verdade, vivem no meio de tudo isso, mergulhados num mundo oculto que não conseguem ver com seus próprios olhos, mas aceitam e sabem que tudo isso é possível e que realmente existe. Não é porque não conseguem ver que não acreditam, muito pelo contrário, vocês acreditam, mesmo não vendo.

Agora chegamos ao ponto que queremos.

Se vocês humanos, construíram essa tecnologia e conseguiram desenvolver tão maravilhosas ferramentas, imaginem o que o Arquiteto do Universo foi capaz de criar, imaginem o que Ele vos deixou de presente e que ainda estão por descobrir!

Imaginem o que ainda existe além das fronteiras do conhecido e que ainda não conseguem ver com suas limitadas visões.

Queridos, há muito mais do que vossas mentes conseguem imaginar.

Nos planos superiores de atuação, existem leis que regem vossas vidas por completo, mas sequer sabem como elas funcionam, pois ainda estão no plano filosófico e concreto.

Há leis que gerenciam tudo o que os rodeia. Há leis, por exemplo, que gerenciam vossas intenções, vossos sonhos, vossas vontades e vossas vidas, essa lei foi difundida há pouco tempo atrás e a chamam de Lei da Atração.

Outra lei rege as ações e as reações, essa lei é conhecida como Lei das Causas e dos Efeitos, a Lei do Carma, a lei que gerencia o tempo e o espaço, a vida, a morte e a evolução humana, essa é a lei da justiça divina.

Há uma hierarquia espiritual superior viva e não física que ordena, coordena e organiza a vida na Terra e mantém tudo sob controle.

Não estamos querendo dizer que estão sendo comandados por algo ou por alguém, como também não estamos dizendo que são marionetes e que são comandados por seres superiores.

A hierarquia não utiliza o poder como forma de comando, como também não utiliza o pecado como justificativa para condenar ou castigar os que falham, eles são apenas gestores de leis universais.

Deram-lhes o livre arbítrio para serem o que desejam ser, sem interferência. A diferença é que mesmo possuindo o livre arbítrio, continuam submetidos às forças infinitas das leis universais.

Há uma lei que gerencia também os bens materiais e os "não materiais" e todas as formas de posse deste mundo.

Tudo o que vocês possuem, está em vossas mãos ou passa por vossas mãos, sob a tutela da justiça divina, sob forma de empréstimo. Nada é realmente vosso tudo o que conquistam aí, quando partem, devem devolver ou compartilhar.

Não se pode levar nada realmente daí, nem mesmo os grandes faraós e os reis da antiguidade conseguiram levar sequer um grão de areia embora para os planos superiores. Tentaram, mas não conseguiram, pois nada do que eles possuíam pertencia realmente a eles, tiveram de deixar tudo dentro dos túmulos ou então tiveram de repassar tudo o que tinham para outras pessoas.

Entendam que o que vos é dado, é emprestado para construírem algo, edificarem algo, se não o fizerem então é imediatamente retirado de vossas mãos e repassado para outros que queiram e tenham vontade de fazer isso.

Nos casos mais graves, quando há roubo, corrupção, desvio de verbas, escravização de mão de obra, aproveitamento e exploração alheia, como vemos quase todos os dias, a Lei da Reciprocidade e da Justiça não falha, não se preocupem, pois tudo isso é contabilizado e controlado pela grande conta corrente astral.

Não pensem vocês que essas coisas passam a esmo sem passar por um controle maior.

Existe no plano astral, uma conta corrente infinitamente poderosa e perfeita, algo gigantesco, quase impossível de explicar em palavras. Um sistema sem falhas e à prova de qualquer tipo de manipulação.

Não se pode burlar e nem manipular esse sistema, pois ele é gerenciado e coordenado por hierarquias justas e divinas. Esse sistema está interligado com tudo o que acontece no mundo físico e espiritual.

Portanto queridos, em resumo, o que queremos dizer é que se alguém rouba algo de alguém, um dia terá de devolvê-lo nem que seja para outrem.

-Mas o que fazer no momento?

Como estão impotentes perante a justiça dos homens, devem seguir os ensinamentos do grande mestre, que um dia passou por aí, para ensinar a verdadeira ética e o verdadeiro amor, e perdoar todas essas pessoas.

“Perdoai-vos, pois eles não sabem o que fazem.”

Sim Jesus, ele também é considerado um mestre para nós.

Devem praticar o perdão e perdoar aqueles que vos roubam, desde o mais perverso corrupto até o mais infame dos batedores de carteira, pois eles não sabem realmente o que fazem.

Sim, perdoem, eles precisam de perdão, pois estão mergulhados dentro de suas próprias ignorâncias e não sabem o que estão fazendo. Se eles soubessem o poder das leis da grande conta corrente que tudo gerencia e soubessem as dificuldades que terão de passar dentro dos orbes da eternidade, optariam por serem honestos. Ao invés de se acharem espertos e malandros como acham que são, com certeza escolheriam o caminho da honestidade e da ética.

Que a luz da verdade ilumine os caminhos dos justos e dos honestos deste mundo, pois o mundo precisará demasiadamente deles no futuro próximo. Eduquem as vossas belas criancinhas, pois o mundo futuro está nas mãos delas.

Ensinem-nas a serem justas e honestas e façam-nas esquecer tudo o que não leva ao caminho da ética e da honestidade, pois o caminho da ignorância e da corrupção, espiritualmente é um caminho muito longo e muito dificultoso de se caminhar.

O caminho do bem é o caminho dos fortes, o caminho mais curto e mais tranquilo de ser percorrido.

As Guerras acabaram

*** Mensagem recebida dia 20 de novembro de 2011.**

Sim, as guerras já acabaram!

Pelo menos no astral superior, elas já não existem mais.

Desculpe-nos falar de algo tão pesado, subjetivo e incompreensível para muitos de vocês, mas são informações que devem ser repassadas neste momento. Obrigado pela manifestação.

A mensagem que vem neste momento fala sobre as guerras e as dores humanas.

Vossas consciências têm todas as lembranças gravadas e armazenadas. Todos os acontecimentos da antiguidade estão arquivados e registrados aí com vocês. Sim, todos eles estão gravados e com todos os detalhes possíveis.

Não há uma só pessoa vivente na Terra que não tenha um dia vivenciado e morrido numa guerra sangrenta. Todos já experimentaram a dor de uma lâmina de espada ou a queimadura de um estilhaço de granada, todos possuem ainda lembranças latentes de um tempo que já se foi. Mas são somente lembranças.

Porém, não se enganem lembranças são tão reais como o que vocês vêem com os vossos olhos nus. O que a mente mantém vivo, realmente sobrevive e não morre.

Há, portanto, uma necessidade de resgate coletivo emergencial e um esclarecimento mútuo em massa sobre esse assunto.

Como já dissemos, agora é possível aprender pelo acerto e pelo amor e não mais pelos erros e pela dor. As guerras foram erros que aconteceram, equívocos necessários para que houvesse uma evolução da consciência humana.

Talvez um mal necessário, pois para que possam experimentar as delícias adocicadas da luz e do amor, antes precisam experimentar o amargo da escuridão e da dor. Dizemos isso com conhecimento de causa.

Mas isso vocês já fizeram muitas e muitas vezes, já repetiram esses mesmos erros milhares de vezes, não precisam mais errar, já podem acertar. Já é possível aprender através dos acertos. A ideia de que errar é humano é ultrapassada. Acertar sim, é humano.

-Duvidam ainda disso?

Receberão novas instruções para agir de forma diferente. Dentro em breve, a lei será passada a vocês e terão de colocá-la em prática para compreenderem seu poder.

É o momento de voltar, de uma vez por todas, as vossas vidas para os acertos e ações pró-ativas em função do amor e da elevação humana.

Precisam acordar urgentemente, não há mais tempo para erros.

-Já não querem mais a escuridão e a mentira pairando pelo ar, não é?

Há uma ânsia pela luz, pelos quatro cantos do mundo. Nada poderá impedir que a verdade venha à tona. Há uma ânsia pela lucidez e pelo esclarecimento. Já estão cansados de viverem imersos, num mundo repleto de condicionamentos doentios e cheios de mentiras.

-Estamos errados?

Quando vêem noticiários sobre violências, mortes e catástrofes, muitos de vocês, no fundo se satisfazem com isso, não é?

-Sabem por quê?

Porque são heranças maléficas que persistem em sobreviver dentro de vocês. Vocês as mantém vivas em suas mentes e por isso, essa conduta ainda se manifesta. São lembranças de um tempo que já se foi.

Isso ainda se mantém, pois muitos teimam em sustentar a egrégora da vingança e do sofrimento em suas consciências.

-Será que vocês têm culpa disso?

-Será que vocês devem se sentir culpados por isso?

Não há culpa nenhuma, ninguém deve se martirizar por isso. Precisam sim, se conscientizar e tomar as rédeas de vossas vidas, de vossas mentes e de vossos pensamentos, serem pró-ativos e não passivos diante das coisas que estão ocorrendo no mundo.

-Mas o que tudo isso tem a ver com as guerras?

Simplesmente tudo. As guerras acontecem porque no fundo vocês ainda as desejam. Não se assustem com essa afirmação, mas acreditem: toda guerra que acontece no mundo, pode ser no lugar mais longínquo e desconhecido, mesmo assim há a participação direta ou indireta de cada um de vocês, seja através da ação, da não ação ou através da omissão. De uma forma ou de outra, sempre estão interagindo com as coisas que acontecem no mundo. Estão todos ligados uns aos outros de alguma maneira. Compreendem como a omissão também é uma forma de ação?

Lembrem-se sempre:

"A omissão também é uma forma de ação. Isentar-se de algum assunto não significa exatamente não estar participando dele. Vocês são responsáveis não só pelo que fazem, mas também pelo que deixam de fazer. Posicionamento e decisão assertiva é o caminho dos fortes."

A consciência humana é muito poderosa, vai muito além do que a mente pode compreender. A mente é somente uma das ferramentas que a consciência usa para trabalhar e se manifestar. A verdadeira consciência é integral e convive simultaneamente com o Universo e o Cosmos e está intimamente ligada com tudo que acontece no mundo, como se fosse um grande software conectado a um grande hardware.

Como a mente ainda não tem a capacidade de absorver o invisível, o ilógico e o intocável, vocês optam por ignorar, omitir e sofrer.

A mente faz vocês seguirem em busca de artifícios que amenizem um pouco a dor da realidade, do suposto desamparo espiritual e a violência humana.

Vocês precisam desses artifícios para acalmar essas lembranças ruins. Esses artifícios foram vocês mesmos que criaram. Esses artifícios são as drogas. Sim, as drogas.

A humanidade não conseguirá se livrar das drogas enquanto não se livrar primeiro das lembranças dolorosas de um passado de guerras e sofrimento.

As sensações sentidas por quem as consome, são ilusórias, são sensações irreais. Quando o efeito desses artifícios passa, a realidade vem à tona e coloca novamente o espelho em frente aos vossos olhos, para mostrar que não há saída senão a opção do autoenfrentamento e do autoconhecimento.

Os que procuram alívio nas drogas, são aqueles que não suportam a dor das próprias lembranças, eles não suportam a realidade, nem as lembranças do espírito, tudo isso faz muito mal para suas tão maltratadas mentes.

-Então, eles são culpados e fracos?

Não, eles apenas não querem mais sofrer e infelizmente não sabem o que fazer. Apenas isso.

A própria droga é como o seu efeito, uma mera ilusão, pois as mesmas drogas que inicialmente foram criadas para se tornarem uma coisa boa e prazerosa, num certo momento, se tornaram uma fonte de desajuste, desamparo, desespero, obsessão e vício, até chegar ao ponto fatídico de se tornarem uma possessão.

Sim, elas podem possuir toda uma sociedade se forem deixadas ao sabor do vento. Nesse ponto, pouco se pode fazer, já que a droga toma conta da vida da pessoa e toma posse definitiva da consciência humana.

Enfim, as drogas, a violência e as guerras estão intimamente ligadas entre si e dependem uma da outra. A droga não vive sem a violência e a violência não vive sem a droga.

-Mas como acabar com esse ciclo vicioso, esse mal?

-Como quebrar o elo dessa corrente maléfica que atormenta a sociedade humana?

Devem atacar a origem e a causa com sabedoria e lucidez e pararem de combater o mal com o próprio mal, ou seja, com armas e violência. Isso é pior do que errar é errar duas vezes.

Não queremos ser simplistas ao extremo, mas afirmamos com toda certeza, que a origem de todos os males está dentro das vossas próprias consciências. As lembranças mais antigas, os segredos mais profundos da humanidade ainda borbulham dentro das suas mentes e infelizmente não estão conseguindo lidar com elas.

Estão chegando num ponto de desespero por não saberem mais lidar com tanto sofrimento. Este sofrimento é surdo e teima em vir à tona todos os dias. Ele se maquia e se mascara, das mais diversas formas.

Como dissemos antes, tudo o que aconteceu no passado com cada um de vocês, fica gravado e registrado, até mesmo cada batimento dos vossos corações está sendo registrado neste exato momento dentro das páginas do grande Livro da Vida.

Conscientemente vocês não se lembram dos vossos passados. O esquecimento foi dado aos seres humanos para que eles não se lembrassem de tudo, pois não suportariam a dor e o sofrimento em suas mentes, se as vendas de vossas consciências fossem retiradas e pudessem ver o que causaram, por exemplo, aos vossos filhos, pais e irmãos no passado, em vidas passadas, em tempos que já se foram certamente enlouqueceriam.

Seriam sensações insuportáveis e ficariam extremamente chocados, pois vossas mentes não resistiriam tamanho horror.

Mas não se preocupem. Todas essas dores devem cessar em breve. Está sendo preparada a transmutação total desses sentimentos nos planos superiores. Nossos mentores espirituais nos disseram que não há mais motivo para que elas continuem existindo.

As guerras e as mazelas que um dia foram criadas pela humanidade, na verdade, já não existem mais, isso tudo faz parte de um passado que já se foi e não precisam mais serem repetidas e lembradas.

Estão se aproximando de um momento crítico e muito importante na Terra. Um ponto crucial, o ponto da escolha, o ponto ômega da humanidade.

Se escolherem a paz, que tanto pregam em vossos discursos pessoais e institucionais, estarão optando por seguirem pelo caminho do compartilhamento mútuo e da divisão das mais diversas formas de posse e propriedade.

Sim, divisão, já que não será possível viver num ambiente de paz sem que aja a implantação da Lei do Compartilhamento, pois compartilhar significa dividir e contrariamente à lógica matemática científica, quando houver a implantação da grande Lei da Mutualidade, a palavra ***dividir*** também significará ***somar***.

A pergunta então é:

-Querem mesmo a paz? Se a resposta for sim, será que estão dispostos a dividir e equalizar a sociedade? Será que estão dispostos a conviver e repartir o bolo?

Essa é a grande questão. Tudo será colocado na mesa e terão de escolher o caminho.

O que podemos dizer é que, o compartilhamento é o único caminho plausível para o futuro da humanidade, já, as escolhas que fizerem é que os levarão, por atalhos curvos e pedregosos ou por caminhos retilíneos e confortáveis.

"A Lei do Amor diz que dividir, muitas vezes significa somar."

Decreto pela paz no mundo

*** Decreto recebido dia 20 de novembro de 2011. Às 00.45 hrs.**

Eu não temo a guerra! Eu não temo quem a cria! Eu não temo e não aceito mais o sofrimento na minha vida!

Eu permito que o amor se manifeste e construa ao meu redor, uma egrégora de luz azul protetora.

Eu permito que floresça ao meu redor uma nova forma de viver a minha vida.

Eu permito e decreto neste momento, que eu amo este planeta e tudo o que ele me fornece.

Eu amo este planeta como amo a mim mesmo (a), pois eu sou ele e ele, sou eu.

Eu amo tudo e todos que vivem sobre ele, pois eu sou um pouco deles e eles são um pouco de mim.

Eu decreto a paz e o amor, como condição primeira da minha vida.

Através do amor e da ética, tudo que eu necessito, virá até mim.

E de mim para todos!
E de mim para todos!
E de mim para todos!

****

O amor constrói tudo e mantém tudo. O amor é a força criativa do Universo.

Vamos parar de perder tempo e vamos direto ao assunto. Vamos parar de dar voltas e mais voltas.

Uma guerra só é criada pela força do medo. Quem ataca, ataca porque tem medo de ser atacado, e quem se defende, se defende por que também tem medo de ser atacado. Toda guerra tem como origem o medo. Nunca o amor.

-Como seus governantes podem criar uma guerra em detrimento da paz?

Isso é mentira, não aceitem mais esse tipo de mentira. Já mentiram muito para vocês. Não permitam que continuem manipulando suas mentes.

-Criar uma guerra para se ter paz?

Uma das maiores loucuras que já vimos. Obrigado pela manifestação! Fiquem em paz meus queridos.

O Povo Azul

Partida

É muito triste pensar que todos que vocês conhecem um dia vão embora, mas ao mesmo tempo é aconchegante saber que um dia se reencontrarão novamente dentro da grande viagem que é a eternidade. Não se preocupem com a morte, pois no fundo ela não existe somente a vida é que existe. Só há vida além do que os vossos olhos podem ver. Só há vida no Universo. Acreditem, há muito mais vida além desta breve vida que estão vivendo.

Meditar, orar, rezar é tudo muito bom. No entanto cuidar da saúde psíquica e do corpo é a maior prova de espiritualidade que uma pessoa pode fazer enquanto vive na Terra.

É a prática constante do amor próprio, que comprovará a sua boa estada na Terra.

Amou-se o bastante?

Essa é a grande pergunta que todos terão de responder no Tribunal de Osíris sob os olhares de Hórus e a pena de Thot (o escriba de Osíris), quando deixarem essa vida.

A resposta a essa simples pergunta dirá se o seu coração está mais leve ou mais pesado que uma pena e dirá se pode entrar no reino da eternidade ou deverá retornar ao ciclo de Samsara, o ciclo das reencarnações.

Escultura

O homem deve encarar a vida como um escultor encara um pedaço de bronze bruto a ser esculpido.

Ele pode ser bruto, feio e disforme, mas um dia se transformará e se tornará uma obra de arte e será admirada por muitos. Um dia ele envelhecerá e estará perto da morte, mas a sua obra terminada, continuará forte e viçosa como sempre foi e se sentirá feliz ao ver que um legado foi deixado para a posteridade.

O homem que possui a verdadeira espiritualidade sabe que deve deixar um legado, um exemplo e uma mensagem para os que ficarem. Uma mensagem que dirá que é possível conquistar o que se deseja, através do entusiasmo, da paixão e do trabalho. Não importa qual seja ele, se é um grande legado ou um pequeno legado, o que importa é cumprir ou pelo menos tentar cumprir aqui na Terra o que veio cumprir.

O homem de fé é aquele que segue o propósito da sua vida sem esperar recompensa alguma, mesmo sabendo que um dia será recompensado por isso.

O homem de fé é aquele que confia e não teme o futuro. É aquele que segue os comandos do Criador e sabe que esta breve estada na Terra é como se fosse apenas um breve momento dentro da imensidão da vida eterna.

Razão e fé juntas

"A coisa mais bela que podemos experimentar é o mistério. Essa é a fonte de toda a arte e de todas as ciências verdadeiras."

Albert Einstein

*** Mensagem recebida dia 21 de novembro de 2011.**

Vocês estão aí nesse planeta para descobrirem e aprenderem as coisas que o grande arquiteto do Universo vos deixou como presente.

Nesse plano de manifestação em que se encontram, só há uma maneira de viverem as suas vidas. Através da bem aventurança.

Sim, a bem aventurança, no mais singelo significado da palavra, ou seja, através da aventura.

Por mais que tentem fugir dessa condição, estarão sempre condicionados a viverem uma grande aventura na Terra. Mesmo que não saiam de dentro das vossas casas e só fiquem sentados nas vossas confortáveis poltronas, estarão ainda fadados a viver uma grande aventura.

Todos os dias acordam e se preparam para uma nova descoberta, todos os dias deveriam estar sedentos por novas descobertas, de coisas inéditas e extraordinárias, pois mesmo não as enxergando, vocês estão rodeados por elas.

"Preste atenção em cada minuto da sua vida. A vida está sempre ensinando algo novo."

Infelizmente não conseguem fazer isso, pois as vossas vidas e vossos cotidianos estão pautados por constantes movimentos de urgências e emergências.

-Já pararam para ver como vivem em constante estado de urgências, como se estivessem perdendo alguma coisa ou deixando de ganhar algo que sequer sabem exatamente o que é?

Se vivessem vossas vidas como se fosse uma grande aventura, como se estivessem eternamente numa viagem de férias, certamente viveriam melhor e muito mais tranquilos e felizes.

Pregam a paz, mas não dão sequer uma chance para que ela se manifeste em vossas vidas.

Ainda optam por adorar o ordinário, ou seja, o que não é maravilhoso e divino, e desprezam o que é extraordinário. Vivem rodeados por rotinas cansativas dando atenção somente para aquilo que vos preocupa.

Não conseguem mais acordar de manhã e olhar para o nascer do Sol e agradecer pela vida, como agradeciam vossos antepassados mais distantes, principalmente aqueles que deixaram um imenso ensinamento sobre o cosmos e os astros. Estamos falando dos egípcios, dos maias, dos astecas, dos incas e dos indígenas da América do Sul e do Norte.

Vocês são seres evoluídos tecnologicamente, mas ainda não conseguem alcançar o êxtase que eles alcançavam através de seus belos e simples rituais de adoração ao Sol, como faziam no templo de Karnak e Luxor.

No entanto, já estão chegando num patamar evolutivo de extrema importância na Terra, rumo a um ponto de convergência inevitável. O encontro definitivo da ciência com a espiritualidade. O grande encontro entre a razão e a fé, o encontro do objetivo com o subjetivo, do concreto com o abstrato, do real com o irreal, do extraordinário com o ordinário, do visível com o invisível e o desconhecido com o conhecido.

O momento da grande virada da humanidade dar-se-á quando esses dois pólos de conhecimento se conectar entre si. A partir desse ponto nunca mais se separarão.

Não será nada feito pela força da imposição, mas sim pelas forças da condição. Tudo será proposto e colocado sobre a mesa para que seja escolhido.

A razão e a fé são os pólos contrários de uma mesma coisa chamada entendimento.

Tanto os cientistas quanto os mais convictos e fervorosos espiritualistas, na verdade, sempre estudaram a mesma coisa, ou seja, ambos no fundo desejam desvendar, da sua maneira própria, a mesma coisa, ou seja, almejam descobrir as maravilhas que Deus um dia criou.

Parem e analisem por alguns instantes: as pessoas nascem e morrem, as filosofias e as ciências vêm e vão, mas a vontade de descobrir continua e continuará sendo o grande sonho da humanidade.

Já tiraram muitas camadas que encobriam muitos segredos do Universo, mas ainda há muitas camadas para serem retiradas e descobertas.

Há muito tempo a ciência, talvez por presunção ou por cuidado, vem se separando e fugindo dos assuntos espirituais e dos fenômenos psíquicos, pois esses ainda não são plausíveis a repetições e comprovações laboratoriais. Sim, eles têm seus motivos e não estão errados. Mas como dissemos antes, o ponto de convergência, o ponto Omega da humanidade, está se aproximando, e ambos os lados terão de se aceitar. Terão de dar o braço a torcer e compreender de uma vez por todas, que tudo no Universo está interligado de alguma forma, e que tudo faz parte de uma mesma coisa chamada Criação. Não há diferença nem separação, não existem melhor ou pior, certo ou errado, ambas as partes se unirão para trazer mais e mais esclarecimento aos seres humanos.

Essa junção trará benefícios inimagináveis, desde a medicina e a alta tecnologia, até o desenvolvimento de novas formas de inter-relacionamento pessoal.

Esse encontro magnífico deverá acontecer em breve.

O exemplo disso são os fenômenos de projeção extracorpórea. Acreditamos que esse será o ponto de partida dessa junção ciência x espiritualidade.

Esses fenômenos ainda são considerados fenômenos parapsíquicos, mas muitos cientistas e médicos já estão voltando com afinco suas atenções para eles. Em breve, talvez em alguns anos ou décadas, esses fenômenos possam ser repetidos em laboratório e aí então poderão ser comprovados cientificamente. Nós estamos colaborando para que isso ocorra em curto espaço de tempo.

Se assim ocorrer, dentro de trinta ou quarenta anos, o estudo da consciência se tornará um estudo acadêmico de ponta e seus conhecimentos serão difundidos pelos quatro cantos do mundo, mudando radicalmente o mundo como conhecem hoje.

Assim esperamos e desejamos. Pois não será possível viver num mundo futuro, com a mente e a consciência separada dele.

A Física Quântica atual já comprovou que a mente e as intenções que geram através de vossas mentes conscientes, modificam as moléculas e por consequência disso, modificam o mundo e as pessoas que vivem aos arredores.

-Como a ciência poderia comprovar a cura de uma pessoa em estado terminal de câncer depois de milhares de pessoas se juntarem em oração com um único propósito?

-Como e quando a ciência poderá comprovar o poder da fé?

Ainda há muito a descobrir nos planos ocultos da criação, ainda estão em processo de descobrimento das maravilhas do mundo físico e visível. Quando as fronteiras do invisível e do supostamente impossível forem abertas e tiverem a autorização do plano espiritual para adentrarem em novos conhecimentos, terão a oportunidade de ver maravilhas que nunca imaginariam que existisse.

"O desconhecido é infinitamente superior ao conhecido."

Vocês têm poderes incríveis ainda desativados, mas prontos para serem ativados, através deles poderão fazer coisas incríveis.

Sim, todos vocês têm poderes. São todos potenciais alquimistas da alma. Talvez não consigam ver o que vos espera no futuro, mas certamente vossos filhos e netos verão.

Os verdadeiros alquimistas do futuro serão aqueles capazes de transformar sonhos em realidade. Os verdadeiros alquimistas têm o poder de acreditar naquilo que não pode ver. Eles têm o poder da manifestação, o poder da precipitação da fé.

Cantar é Viver

*** Mensagem recebida dia 22 de novembro de 2011.**

Queridos, vocês não levam nada que seja material desta vida, mas levam consigo as amizades que conquistaram as vivências e os aprendizados.

Para quê perder tempo com a maldade, a falsidade, a falta de amor, a raiva e os sentimentos contraditórios, se todos vocês terão o mesmo destino, independente da condição financeira, da classe social ou da suposta intelectualidade?

Brinquem, perdoem, amem e aproveitem mais a vida. Para quê tanto temer se já podem confiar? Para quê julgar se já podem aceitar? Para quê invejar se já podem admirar? Para quê tanto exigir se já podem ensinar? Para quê sobreviver se o melhor é realmente viver?

Não há nada realmente a temer, tudo o que vocês fizerem vos levará ao encontro da Luz. Mesmo pensando que estão praticando o mal, e o desamor, mesmo assim estarão trabalhando sob as forças do bem.

Para quê a solidão se já podem conviver? Para quê a opressão se existe a expressão? Para quê ofender se já podem respeitar? Para quê acumular se já podem compartilhar?

É incrível quando nossos amigos nos mostram isso por aqui e ao mesmo tempo é incrível ver quanto julgamento praticam ainda aí na Terra. As leis superiores são ainda incompreensíveis para as vossas singelas mentes. Grandes leis que são totalmente compreendidas aqui.

Queridos, vocês sempre trabalharão para o cumprimento do projeto da paz e da grande luz. O mal não existe, ele é apenas uma das formas para a manifestação do bem na Terra. Sim, é um caminho difícil de seguir, mas apenas uma das formas para se chegar ao verdadeiro caminho que leva a Deus.

Para quê escuridão se aqui só há luz? Para quê temer a morte se aqui só há vida? Para quê guerrear se podemos parar e cantar?

O medo da morte é a mãe de todos os medos. Mas para quê o medo se no plano da eternidade só existe vida?

Isso pode mudar totalmente o significado de uma vida inteira. Isso é o que se pode chamar de despertar, o despertar para a verdadeira vida. A vida eterna.

Nós amamos e acreditamos em todos vocês!

O Povo Azul. (J.L)

O Olho que tudo vê

O Olho de Hórus é o olho que tudo vê.

Deus não espiona, não julga nem castiga. Ele sequer sabe o significado da palavra pecado e castigo. Esqueçam a ideia que Ele está sentado num trono real em cima de uma nuvem, dizendo o que é certo e o que é errado ao homem.

Ele criou todos vocês livres, para receberem todas as benfeitorias da Lei. Façam o que quiserem, pois tudo é fruto da Lei.

É chegado o momento de saberem que ninguém está vigiando ninguém.

Deus não vigia, não julga e muito menos castiga.

O olho de Hórus do antigo Egito é o olho da consciência, o símbolo da verdade interior. Deus criou o livre arbítrio e o olho da consciência para que vocês mesmos guiassem e julgassem suas próprias escolhas.

Por isso a necessidade iminente do autoconhecimento, para que possam conhecer mais os propósitos e os ditames do Criador. Você é Ele e Ele é você. Não há diferença nem separação entre vocês.

Esse é o verdadeiro significado da palavra religião, a religação consigo mesmo (a). Religião é a religação que se restabelece com quem um dia lhe criou.

Você é livre criador (a), mas infelizmente não lhes disseram isso com todas as palavras que deveriam ser ditas.

Pense nisso! Você é livre. Você pode ser o que bem entender. A única pessoa que está de olho em você, é você mesmo (a).

Arcanjo Miguel
Pintura Mediúnica feita por
Rosa Teubl (a pintora dos anjos)
Tamanho Original – 40 x 60 cm. Colorida.

Decreto de Proteção do Arcanjo Miguel

Bem amado Arcanjo Miguel!
Defendei-nos nas horas de
conflito! Sede nossa proteção
contra toda a maldade e
tentação das forças visíveis
e invisíveis. Enfraquecei-as!
Humildemente suplicamos:
Ó Príncipe da Legião Celeste!
Pelo poder de Deus, removei da
atmosfera da Terra, todos os
espíritos mal intencionados que
visam corromper as
nossas almas.
Que assim Seja!

Mônica: (73)

(61) 8846-2735

Conheça a coleção completa GoodBooks dos mesmos autores.

Informações Adicionais:

Site Oficial
www.leidaatracao.com.br

Blog Oficial:
http://leidaatracao.blogspot.com

Facebook Oficial:
Carlos Torres & Sueli Zanquim

Canal Oficial no Youtube:
http://www.youtube.com/user/SZANQUIM

Twitter:
@cttorres

Fale com os autores:
leidaatracao@terra.com.br

EDITORA
ERA DE OURO